REGISTRE
UNIQUE
DU PERSONNEL

CONFORME AU CODE DU TRAVAIL

Raison Sociale: ....

Etablissement: ....

N° SIREN: ....

Date d'ouverture du registre: ....

Date de clôture du registre: ....

N° d'embauche:

Nom: ....

Prénom(s): ....

Sexe : ☐ Femme ☐ Homme   Date de naissance : ☐☐ / ☐☐ / ☐☐☐☐

Nationalité: ....

Emploi: ....

Qualification: ....

Type de contrat :
☐ Contrat à Durée Indéterminée ;   ☐ Apprenti ;
☐ Contrat à Durée Déterminée ;   ☐ Contrat de professionnalisation ;
☐ Temps complet ;   ☐ Travailleur détaché ;
☐ Temps partiel ;   ☐ Stagiaire ;
☐ Travail temporaire ;   ☐ Autre :

Travailleur étranger :

Type, date et numéro du titre autorisant le travail (copie du titre à intégrer dans le dossier salarié).

....

....

....

Pour les stagiaires :

Nom du tuteur : ....

Lieu de présence : ....

Date d'entrée dans l'entreprise : ☐☐ / ☐☐ / ☐☐☐☐

Date de sortie de l'entreprise : ☐☐ / ☐☐ / ☐☐☐☐

Notes: ....

....

....

N° d'embauche:

Nom: ....

Prénom(s): ....

Sexe : ☐ Femme   ☐ Homme   Date de naissance : ☐☐ / ☐☐ / ☐☐☐☐

Nationalité: ....

Emploi: ....

Qualification: ....

Type de contrat :
☐ Contrat à Durée Indéterminée ;   ☐ Apprenti ;
☐ Contrat à Durée Déterminée ;   ☐ Contrat de professionnalisation ;
☐ Temps complet ;   ☐ Travailleur détaché ;
☐ Temps partiel ;   ☐ Stagiaire ;
☐ Travail temporaire ;   ☐ Autre :

Travailleur étranger :

Type, date et numéro du titre autorisant le travail (copie du titre à intégrer dans le dossier salarié)

....

....

Pour les stagiaires :

Nom du tuteur : ....

Lieu de présence : ....

Date d'entrée dans l'entreprise : ☐☐ / ☐☐ / ☐☐☐☐

Date de sortie de l'entreprise : ☐☐ / ☐☐ / ☐☐☐☐

Notes: ....

....

....

N° d'embauche:

Nom: ....

Prénom(s): ....

Sexe : ☐ Femme ☐ Homme   Date de naissance : ☐☐ / ☐☐ / ☐☐☐☐

Nationalité: ....

Emploi: ....

Qualification: ....

Type de contrat :
- ☐ Contrat à Durée Indéterminée ;
- ☐ Contrat à Durée Déterminée ;
- ☐ Temps complet ;
- ☐ Temps partiel ;
- ☐ Travail temporaire ;
- ☐ Apprenti ;
- ☐ Contrat de professionnalisation ;
- ☐ Travailleur détaché ;
- ☐ Stagiaire ;
- ☐ Autre :

Travailleur étranger :

Type, date et numéro du titre autorisant le travail (copie du titre à intégrer dans le dossier salarié):

....

....

....

Pour les stagiaires :

Nom du tuteur : ....

Lieu de présence : ....

Date d'entrée dans l'entreprise : ☐☐ / ☐☐ / ☐☐☐☐

Date de sortie de l'entreprise : ☐☐ / ☐☐ / ☐☐☐☐

Notes: ....

....

....

N° d'embauche:

Nom: ....

Prénom(s): ....

Sexe : ☐ Femme   ☐ Homme   Date de naissance : ☐☐ / ☐☐ / ☐☐☐☐

Nationalité: ....

Emploi: ....

Qualification: ....

Type de contrat :
- ☐ Contrat à Durée Indéterminée ;
- ☐ Contrat à Durée Déterminée ;
- ☐ Temps complet ;
- ☐ Temps partiel ;
- ☐ Travail temporaire ;
- ☐ Apprenti ;
- ☐ Contrat de professionnalisation ;
- ☐ Travailleur détaché ;
- ☐ Stagiaire ;
- ☐ Autre .

Travailleur étranger :

Type, date et numéro du titre autorisant le travail (copie du titre à intégrer dans le dossier salarié)

....

....

Pour les stagiaires :

Nom du tuteur : ....

Lieu de présence : ....

Date d'entrée dans l'entreprise : ☐☐ / ☐☐ / ☐☐☐☐

Date de sortie de l'entreprise : ☐☐ / ☐☐ / ☐☐☐☐

Notes: ....

....

....

N° d'embauche:

Nom: ....

Prénom(s): ....

Sexe : ☐ Femme ☐ Homme   Date de naissance : ☐☐ / ☐☐ / ☐☐☐☐

Nationalité: ....

Emploi: ....

Qualification: ....

Type de contrat :
☐ Contrat à Durée Indéterminée ;   ☐ Apprenti ;
☐ Contrat à Durée Déterminée ;   ☐ Contrat de professionnalisation ;
☐ Temps complet ;   ☐ Travailleur détaché ;
☐ Temps partiel ;   ☐ Stagiaire ;
☐ Travail temporaire ;   ☐ Autre :

Travailleur étranger :

Type, date et numéro du titre autorisant le travail (copie du titre à intégrer dans le dossier salarié)

....

....

....

Pour les stagiaires :

Nom du tuteur : ....

Lieu de présence : ....

Date d'entrée dans l'entreprise : ☐☐ / ☐☐ / ☐☐☐☐

Date de sortie de l'entreprise : ☐☐ / ☐☐ / ☐☐☐☐

Notes: ....

....

....

N° d'embauche:

Nom: ....

Prénom(s): ....

Sexe : ☐ Femme   ☐ Homme   Date de naissance : ☐☐ / ☐☐ / ☐☐☐☐

Nationalité: ....

Emploi: ....

Qualification: ....

Type de contrat :

☐ Contrat à Durée Indéterminée ;   ☐ Apprenti ;

☐ Contrat à Durée Déterminée ;   ☐ Contrat de professionnalisation ;

☐ Temps complet ;   ☐ Travailleur détaché ;

☐ Temps partiel ;   ☐ Stagiaire ;

☐ Travail temporaire ;   ☐ Autre .

Travailleur étranger :

Type, date et numéro du titre autorisant le travail (copie du titre à intégrer dans le dossier salarié)

....

....

Pour les stagiaires :

Nom du tuteur : ....

Lieu de présence : ....

Date d'entrée dans l'entreprise : ☐☐ / ☐☐ / ☐☐☐☐

Date de sortie de l'entreprise : ☐☐ / ☐☐ / ☐☐☐☐

Notes: ....

....

....

N° d'embauche:

Nom: ....

Prénom(s): ....

Sexe : ☐ Femme ☐ Homme   Date de naissance : ☐☐ / ☐☐ / ☐☐☐☐

Nationalité: ....

Emploi: ....

Qualification: ....

Type de contrat :
☐ Contrat à Durée Indéterminée ; ☐ Apprenti ;
☐ Contrat à Durée Déterminée ; ☐ Contrat de professionnalisation ;
☐ Temps complet ; ☐ Travailleur détaché ;
☐ Temps partiel ; ☐ Stagiaire ;
☐ Travail temporaire ; ☐ Autre .

Travailleur étranger :

Type, date et numéro du titre autorisant le travail (copie du titre à intégrer dans le dossier salarié):

....

....

....

Pour les stagiaires :

Nom du tuteur : ....

Lieu de présence : ....

Date d'entrée dans l'entreprise : ☐☐ / ☐☐ / ☐☐☐☐

Date de sortie de l'entreprise : ☐☐ / ☐☐ / ☐☐☐☐

Notes: ....

....

....

N° d'embauche:

Nom: ....

Prénom(s): ....

Sexe : ☐ Femme   ☐ Homme   Date de naissance : ☐☐ / ☐☐ / ☐☐☐☐

Nationalité: ....

Emploi: ....

Qualification: ....

Type de contrat :
- ☐ Contrat à Durée Indéterminée ;
- ☐ Contrat à Durée Déterminée ;
- ☐ Temps complet ;
- ☐ Temps partiel ;
- ☐ Travail temporaire ;
- ☐ Apprenti ;
- ☐ Contrat de professionnalisation ;
- ☐ Travailleur détaché ;
- ☐ Stagiaire ;
- ☐ Autre .

Travailleur étranger :

Type, date et numéro du titre autorisant le travail (copie du titre à intégrer dans le dossier salarié)

....

....

Pour les stagiaires :

Nom du tuteur : ....

Lieu de présence : ....

Date d'entrée dans l'entreprise : ☐☐ / ☐☐ / ☐☐☐☐

Date de sortie de l'entreprise : ☐☐ / ☐☐ / ☐☐☐☐

Notes: ....

....

....

N° d'embauche:

Nom: ....

Prénom(s): ....

Sexe : ☐ Femme   ☐ Homme   Date de naissance : ☐☐ / ☐☐ / ☐☐☐☐

Nationalité: ....

Emploi: ....

Qualification: ....

Type de contrat :
- ☐ Contrat à Durée Indéterminée ;
- ☐ Contrat à Durée Déterminée ;
- ☐ Temps complet ;
- ☐ Temps partiel ;
- ☐ Travail temporaire ;
- ☐ Apprenti ;
- ☐ Contrat de professionnalisation ;
- ☐ Travailleur détaché ;
- ☐ Stagiaire ;
- ☐ Autre :

Travailleur étranger :

Type, date et numéro du titre autorisant le travail (copie du titre à intégrer dans le dossier salarié):

....

....

....

Pour les stagiaires :

Nom du tuteur : ....

Lieu de présence : ....

Date d'entrée dans l'entreprise : ☐☐ / ☐☐ / ☐☐☐☐

Date de sortie de l'entreprise : ☐☐ / ☐☐ / ☐☐☐☐

Notes: ....

....

....

N° d'embauche:

Nom: ....

Prénom(s): ....

Sexe : ☐ Femme   ☐ Homme   Date de naissance : ☐☐ / ☐☐ / ☐☐☐☐

Nationalité: ....

Emploi: ....

Qualification: ....

Type de contrat :
- ☐ Contrat à Durée Indéterminée ;
- ☐ Contrat à Durée Déterminée ;
- ☐ Temps complet ;
- ☐ Temps partiel ;
- ☐ Travail temporaire ;
- ☐ Apprenti ;
- ☐ Contrat de professionnalisation ;
- ☐ Travailleur détaché ;
- ☐ Stagiaire ;
- ☐ Autre .

Travailleur étranger :

Type, date et numéro du titre autorisant le travail (copie du titre à intégrer dans le dossier salarié)

....

....

Pour les stagiaires :

Nom du tuteur : ....

Lieu de présence : ....

Date d'entrée dans l'entreprise : ☐☐ / ☐☐ / ☐☐☐☐

Date de sortie de l'entreprise : ☐☐ / ☐☐ / ☐☐☐☐

Notes: ....

....

....

N° d'embauche:

Nom: ....

Prénom(s): ....

Sexe : ☐ Femme   ☐ Homme   Date de naissance : ☐☐ / ☐☐ / ☐☐☐☐

Nationalité: ....

Emploi: ....

Qualification: ....

Type de contrat :	
☐ Contrat à Durée Indéterminée ;	☐ Apprenti ;
☐ Contrat à Durée Déterminée ;	☐ Contrat de professionnalisation ;
☐ Temps complet ;	☐ Travailleur détaché ;
☐ Temps partiel ;	☐ Stagiaire ;
☐ Travail temporaire ;	☐ Autre :

Travailleur étranger :

Type, date et numéro du titre autorisant le travail (copie du titre à intégrer dans le dossier salarié):

....

....

....

Pour les stagiaires :

Nom du tuteur : ....

Lieu de présence : ....

Date d'entrée dans l'entreprise : ☐☐ / ☐☐ / ☐☐☐☐

Date de sortie de l'entreprise : ☐☐ / ☐☐ / ☐☐☐☐

Notes: ....

....

....

N° d'embauche:

Nom: ....

Prénom(s): ....

Sexe : ☐ Femme   ☐ Homme   Date de naissance : ☐☐ / ☐☐ / ☐☐☐☐

Nationalité: ....

Emploi: ....

Qualification: ....

Type de contrat :	
☐ Contrat à Durée Indéterminée ;	☐ Apprenti ;
☐ Contrat à Durée Déterminée ;	☐ Contrat de professionnalisation ;
☐ Temps complet ;	☐ Travailleur détaché ;
☐ Temps partiel ;	☐ Stagiaire ;
☐ Travail temporaire ;	☐ Autre ;

Travailleur étranger :

Type, date et numéro du titre autorisant le travail (copie du titre à intégrer dans le dossier salarié)

....

....

Pour les stagiaires :

Nom du tuteur :

Lieu de présence :

Date d'entrée dans l'entreprise : ☐☐ / ☐☐ / ☐☐☐☐

Date de sortie de l'entreprise : ☐☐ / ☐☐ / ☐☐☐☐

Notes: ....

....

....

N° d'embauche:

Nom: ....

Prénom(s): ....

Sexe : ☐ Femme   ☐ Homme   Date de naissance : ☐☐ / ☐☐ / ☐☐☐☐

Nationalité: ....

Emploi: ....

Qualification: ....

Type de contrat :
- ☐ Contrat à Durée Indéterminée ;
- ☐ Contrat à Durée Déterminée ;
- ☐ Temps complet ;
- ☐ Temps partiel ;
- ☐ Travail temporaire ;
- ☐ Apprenti ;
- ☐ Contrat de professionnalisation ;
- ☐ Travailleur détaché ;
- ☐ Stagiaire ;
- ☐ Autre :

Travailleur étranger :

Type, date et numéro du titre autorisant le travail (copie du titre à intégrer dans le dossier salarié):

....

....

....

Pour les stagiaires :

Nom du tuteur : ....

Lieu de présence : ....

Date d'entrée dans l'entreprise : ☐☐ / ☐☐ / ☐☐☐☐

Date de sortie de l'entreprise : ☐☐ / ☐☐ / ☐☐☐☐

Notes: ....

....

....

N° d'embauche:

Nom: ....

Prénom(s): ....

Sexe : ☐ Femme   ☐ Homme   Date de naissance : ☐☐ / ☐☐ / ☐☐☐☐

Nationalité: ....

Emploi: ....

Qualification: ....

Type de contrat :
- ☐ Contrat à Durée Indéterminée ;
- ☐ Contrat à Durée Déterminée ;
- ☐ Temps complet ;
- ☐ Temps partiel ;
- ☐ Travail temporaire ;
- ☐ Apprenti ;
- ☐ Contrat de professionnalisation ;
- ☐ Travailleur détaché ;
- ☐ Stagiaire ;
- ☐ Autre .

Travailleur étranger :

Type, date et numéro du titre autorisant le travail (copie du titre à intégrer dans le dossier salarié)

....

....

....

Pour les stagiaires :

Nom du tuteur : ....

Lieu de présence : ....

Date d'entrée dans l'entreprise : ☐☐ / ☐☐ / ☐☐☐☐

Date de sortie de l'entreprise : ☐☐ / ☐☐ / ☐☐☐☐

Notes: ....

....

....

N° d'embauche:

Nom: ....

Prénom(s): ....

Sexe : ☐ Femme   ☐ Homme   Date de naissance : ☐☐ / ☐☐ / ☐☐☐☐

Nationalité: ....

Emploi: ....

Qualification: ....

Type de contrat :	
☐ Contrat à Durée Indéterminée ;	☐ Apprenti ;
☐ Contrat à Durée Déterminée ;	☐ Contrat de professionnalisation ;
☐ Temps complet ;	☐ Travailleur détaché ;
☐ Temps partiel ;	☐ Stagiaire ;
☐ Travail temporaire ;	☐ Autre :

Travailleur étranger :

Type, date et numéro du titre autorisant le travail (copie du titre à intégrer dans le dossier salarié)

....

....

....

Pour les stagiaires :

Nom du tuteur : ....

Lieu de présence : ....

Date d'entrée dans l'entreprise : ☐☐ / ☐☐ / ☐☐☐☐

Date de sortie de l'entreprise : ☐☐ / ☐☐ / ☐☐☐☐

Notes: ....

....

....

N° d'embauche:

Nom: ....

Prénom(s): ....

Sexe : ☐ Femme   ☐ Homme   Date de naissance : ☐☐ / ☐☐ / ☐☐☐☐

Nationalité: ....

Emploi: ....

Qualification: ....

Type de contrat :		
☐ Contrat a Durée Indéterminée ;	☐ Apprenti ;	
☐ Contrat a Durée Déterminée ;	☐ Contrat de professionnalisation ;	
☐ Temps complet ;	☐ Travailleur détaché ;	
☐ Temps partiel ;	☐ Stagiaire ;	
☐ Travail temporaire ;	☐ Autre .	

Travailleur étranger :

Type, date et numéro du titre autorisant le travail (copie du titre à intégrer dans le dossier salarié)

....

....

Pour les stagiaires :

Nom du tuteur : ....

Lieu de présence : ....

Date d'entrée dans l'entreprise : ☐☐ / ☐☐ / ☐☐☐☐

Date de sortie de l'entreprise : ☐☐ / ☐☐ / ☐☐☐☐

Notes: ....

....

....

N° d'embauche:

Nom: ....

Prénom(s): ....

Sexe : ☐ Femme   ☐ Homme   Date de naissance : ☐☐ / ☐☐ / ☐☐☐☐

Nationalité: ....

Emploi: ....

Qualification: ....

Type de contrat :
☐ Contrat à Durée Indéterminée ;   ☐ Apprenti ;
☐ Contrat à Durée Déterminée ;   ☐ Contrat de professionnalisation ;
☐ Temps complet ;   ☐ Travailleur détaché ;
☐ Temps partiel ;   ☐ Stagiaire ;
☐ Travail temporaire ;   ☐ Autre :

Travailleur étranger :

Type, date et numéro du titre autorisant le travail (copie du titre à intégrer dans le dossier salarié)

....

....

....

Pour les stagiaires :

Nom du tuteur : ....

Lieu de présence : ....

Date d'entrée dans l'entreprise : ☐☐ / ☐☐ / ☐☐☐☐

Date de sortie de l'entreprise : ☐☐ / ☐☐ / ☐☐☐☐

Notes: ....

....

....

N° d'embauche:

Nom: ....

Prénom(s): ....

Sexe : ☐ Femme   ☐ Homme   Date de naissance : ☐☐ / ☐☐ / ☐☐☐☐

Nationalité: ....

Emploi: ....

Qualification: ....

Type de contrat :
- ☐ Contrat à Durée Indéterminée ;
- ☐ Contrat à Durée Déterminée ;
- ☐ Temps complet ;
- ☐ Temps partiel ;
- ☐ Travail temporaire ;
- ☐ Apprenti ;
- ☐ Contrat de professionnalisation ;
- ☐ Travailleur détaché ;
- ☐ Stagiaire ;
- ☐ Autre .

Travailleur étranger :

Type, date et numéro du titre autorisant le travail (copie du titre à intégrer dans le dossier salarié)

....

....

Pour les stagiaires :

Nom du tuteur : ....

Lieu de présence : ....

Date d'entrée dans l'entreprise : ☐☐ / ☐☐ / ☐☐☐☐

Date de sortie de l'entreprise : ☐☐ / ☐☐ / ☐☐☐☐

Notes: ....

....

....

N° d'embauche:

Nom: ....

Prénom(s): ....

Sexe : ☐ Femme ☐ Homme   Date de naissance : ☐☐ / ☐☐ / ☐☐☐☐

Nationalité: ....

Emploi: ....

Qualification: ....

Type de contrat :	
☐ Contrat à Durée Indéterminée ;	☐ Apprenti ;
☐ Contrat à Durée Déterminée ;	☐ Contrat de professionnalisation ;
☐ Temps complet ;	☐ Travailleur détaché ;
☐ Temps partiel ;	☐ Stagiaire ;
☐ Travail temporaire ;	☐ Autre :

Travailleur étranger :

Type, date et numéro du titre autorisant le travail (copie du titre à intégrer dans le dossier salarié):

....

....

....

Pour les stagiaires :

Nom du tuteur : ....

Lieu de présence : ....

Date d'entrée dans l'entreprise : ☐☐ / ☐☐ / ☐☐☐☐

Date de sortie de l'entreprise : ☐☐ / ☐☐ / ☐☐☐☐

Notes: ....

....

....

N° d'embauche:

Nom: ....

Prénom(s): ....

Sexe ☐ Femme ☐ Homme Date de naissance : ☐☐ / ☐☐ / ☐☐☐☐

Nationalité: ....

Emploi: ....

Qualification: ....

Type de contrat :	
☐ Contrat à Durée Indéterminée ;	☐ Apprenti ;
☐ Contrat à Durée Déterminée ;	☐ Contrat de professionnalisation ;
☐ Temps complet ;	☐ Travailleur détaché ;
☐ Temps partiel ;	☐ Stagiaire ;
☐ Travail temporaire ;	☐ Autre :

Travailleur étranger :

Type, date et numéro du titre autorisant le travail (copie du titre à intégrer dans le dossier salarié)

....

....

....

Pour les stagiaires :

Nom du tuteur : ....

Lieu de présence : ....

Date d'entrée dans l'entreprise : ☐☐ / ☐☐ / ☐☐☐☐

Date de sortie de l'entreprise : ☐☐ / ☐☐ / ☐☐☐☐

Notes: ....

....

....

N° d'embauche:

Nom: ....

Prénom(s): ....

Sexe : ☐ Femme ☐ Homme   Date de naissance : ☐☐ / ☐☐ / ☐☐☐☐

Nationalité: ....

Emploi: ....

Qualification: ....

Type de contrat :

- ☐ Contrat à Durée Indéterminée ;
- ☐ Contrat à Durée Déterminée ;
- ☐ Temps complet ;
- ☐ Temps partiel ;
- ☐ Travail temporaire ;
- ☐ Apprenti ;
- ☐ Contrat de professionnalisation ;
- ☐ Travailleur détaché ;
- ☐ Stagiaire ;
- ☐ Autre :

Travailleur étranger :

Type, date et numéro du titre autorisant le travail (copie du titre à intégrer dans le dossier salarié) :

....

....

....

Pour les stagiaires :

Nom du tuteur : ....

Lieu de présence : ....

Date d'entrée dans l'entreprise : ☐☐ / ☐☐ / ☐☐☐☐

Date de sortie de l'entreprise : ☐☐ / ☐☐ / ☐☐☐☐

Notes: ....

....

....

N° d'embauche:

Nom: ....

Prénom(s): ....

Sexe : ☐ Femme   ☐ Homme   Date de naissance : ☐☐ / ☐☐ / ☐☐☐☐

Nationalité: ....

Emploi: ....

Qualification: ....

Type de contrat :
- ☐ Contrat à Durée Indéterminée ;
- ☐ Contrat à Durée Déterminée ;
- ☐ Temps complet ;
- ☐ Temps partiel ;
- ☐ Travail temporaire ;
- ☐ Apprenti ;
- ☐ Contrat de professionnalisation ;
- ☐ Travailleur détaché ;
- ☐ Stagiaire ;
- ☐ Autre .

Travailleur étranger :

Type, date et numéro du titre autorisant le travail (copie du titre à intégrer dans le dossier salarié)

....

....

Pour les stagiaires :

Nom du tuteur : ....

Lieu de présence : ....

Date d'entrée dans l'entreprise : ☐☐ / ☐☐ / ☐☐☐☐

Date de sortie de l'entreprise : ☐☐ / ☐☐ / ☐☐☐☐

Notes: ....

....

....

N° d'embauche:

Nom: ....

Prénom(s): ....

Sexe : ☐ Femme ☐ Homme   Date de naissance : ☐☐ / ☐☐ / ☐☐☐☐

Nationalité: ....

Emploi: ....

Qualification: ....

Type de contrat :	
☐ Contrat à Durée Indéterminée ;	☐ Apprenti ;
☐ Contrat à Durée Déterminée ;	☐ Contrat de professionnalisation ;
☐ Temps complet ;	☐ Travailleur détaché ;
☐ Temps partiel ;	☐ Stagiaire ;
☐ Travail temporaire ;	☐ Autre :

Travailleur étranger :

Type, date et numéro du titre autorisant le travail (copie du titre à intégrer dans le dossier salarié):

....

....

....

Pour les stagiaires :

Nom du tuteur : ....

Lieu de présence : ....

Date d'entrée dans l'entreprise : ☐☐ / ☐☐ / ☐☐☐☐

Date de sortie de l'entreprise : ☐☐ / ☐☐ / ☐☐☐☐

Notes: ....

....

....

N° d'embauche:

Nom: ....

Prénom(s): ....

Sexe : ☐ Femme   ☐ Homme   Date de naissance : ☐☐ / ☐☐ / ☐☐☐☐

Nationalité : ....

Emploi : ....

Qualification : ....

Type de contrat :
- ☐ Contrat à Durée Indéterminée ;
- ☐ Contrat à Durée Déterminée ;
- ☐ Temps complet ;
- ☐ Temps partiel ;
- ☐ Travail temporaire ;
- ☐ Apprenti ;
- ☐ Contrat de professionnalisation ;
- ☐ Travailleur détaché ;
- ☐ Stagiaire ;
- ☐ Autre .

Travailleur étranger :

Type, date et numéro du titre autorisant le travail (copie du titre à intégrer dans le dossier salarié)

....

....

....

Pour les stagiaires :

Nom du tuteur : ....

Lieu de présence : ....

Date d'entrée dans l'entreprise : ☐☐ / ☐☐ / ☐☐☐☐

Date de sortie de l'entreprise : ☐☐ / ☐☐ / ☐☐☐☐

Notes: ....

....

....

N° d'embauche:

Nom: ....

Prénom(s): ....

Sexe : ☐ Femme ☐ Homme   Date de naissance : ☐☐ / ☐☐ / ☐☐☐☐

Nationalité: ....

Emploi: ....

Qualification: ....

Type de contrat :	
☐ Contrat à Durée Indéterminée ;	☐ Apprenti ;
☐ Contrat à Durée Déterminée ;	☐ Contrat de professionnalisation ;
☐ Temps complet ;	☐ Travailleur détaché ;
☐ Temps partiel ;	☐ Stagiaire ;
☐ Travail temporaire ;	☐ Autre :

Travailleur étranger :

Type, date et numéro du titre autorisant le travail (copie du titre à intégrer dans le dossier salarié) :

....

....

Pour les stagiaires :

Nom du tuteur : ....

Lieu de présence : ....

Date d'entrée dans l'entreprise : ☐☐ / ☐☐ / ☐☐☐☐

Date de sortie de l'entreprise : ☐☐ / ☐☐ / ☐☐☐☐

Notes: ....

....

....

N° d'embauche:

Nom: ....

Prénom(s): ....

Sexe : ☐ Femme   ☐ Homme   Date de naissance : ☐☐ / ☐☐ / ☐☐☐☐

Nationalité: ....

Emploi: ....

Qualification: ....

Type de contrat :
☐ Contrat à Durée Indéterminée ;   ☐ Apprenti ;
☐ Contrat à Durée Déterminée ;   ☐ Contrat de professionnalisation ;
☐ Temps complet ;   ☐ Travailleur détaché ;
☐ Temps partiel ;   ☐ Stagiaire ;
☐ Travail temporaire ;   ☐ Autre .

Travailleur étranger :

Type, date et numéro du titre autorisant le travail (copie du titre à intégrer dans le dossier salarié).

Pour les stagiaires :

Nom du tuteur :

Lieu de présence :

Date d'entrée dans l'entreprise : ☐☐ / ☐☐ / ☐☐☐☐

Date de sortie de l'entreprise : ☐☐ / ☐☐ / ☐☐☐☐

Notes: ....
....
....

N° d'embauche:

Nom: ....

Prénom(s): ....

Sexe : ☐ Femme   ☐ Homme   Date de naissance : ☐☐ / ☐☐ / ☐☐☐☐

Nationalité: ....

Emploi: ....

Qualification: ....

Type de contrat :	
☐ Contrat à Durée Indéterminée ;	☐ Apprenti ;
☐ Contrat à Durée Déterminée ;	☐ Contrat de professionnalisation ;
☐ Temps complet ;	☐ Travailleur détaché ;
☐ Temps partiel ;	☐ Stagiaire ;
☐ Travail temporaire ;	☐ Autre :

Travailleur étranger :

Type, date et numéro du titre autorisant le travail (copie du titre à intégrer dans le dossier salarié):

....

....

....

Pour les stagiaires :

Nom du tuteur : ....

Lieu de présence : ....

Date d'entrée dans l'entreprise : ☐☐ / ☐☐ / ☐☐☐☐

Date de sortie de l'entreprise : ☐☐ / ☐☐ / ☐☐☐☐

Notes: ....

....

....

N° d'embauche:

Nom: ....

Prénom(s): ....

Sexe : ☐ Femme ☐ Homme Date de naissance : ☐☐ / ☐☐ / ☐☐☐☐

Nationalité: ....

Emploi: ....

Qualification: ....

Type de contrat :
- ☐ Contrat à Durée Indéterminée ;
- ☐ Contrat à Durée Déterminée ;
- ☐ Temps complet ;
- ☐ Temps partiel ;
- ☐ Travail temporaire ;
- ☐ Apprenti ;
- ☐ Contrat de professionnalisation ;
- ☐ Travailleur détaché ;
- ☐ Stagiaire ;
- ☐ Autre .

Travailleur étranger :

Type, date et numéro du titre autorisant le travail (copie du titre à intégrer dans le dossier salarié)

....

....

....

Pour les stagiaires :

Nom du tuteur : ....

Lieu de présence : ....

Date d'entrée dans l'entreprise : ☐☐ / ☐☐ / ☐☐☐☐

Date de sortie de l'entreprise : ☐☐ / ☐☐ / ☐☐☐☐

Notes: ....

....

....

N° d'embauche:

Nom: ....

Prénom(s): ....

Sexe : ☐ Femme   ☐ Homme   Date de naissance : ☐☐ / ☐☐ / ☐☐☐☐

Nationalité: ....

Emploi: ....

Qualification: ....

Type de contrat :
- ☐ Contrat à Durée Indéterminée ;
- ☐ Contrat à Durée Déterminée ;
- ☐ Temps complet ;
- ☐ Temps partiel ;
- ☐ Travail temporaire ;
- ☐ Apprenti ;
- ☐ Contrat de professionnalisation ;
- ☐ Travailleur détaché ;
- ☐ Stagiaire ;
- ☐ Autre :

Travailleur étranger :

Type, date et numéro du titre autorisant le travail (copie du titre à intégrer dans le dossier salarié):

....

....

....

Pour les stagiaires :

Nom du tuteur : ....

Lieu de présence : ....

Date d'entrée dans l'entreprise : ☐☐ / ☐☐ / ☐☐☐☐

Date de sortie de l'entreprise : ☐☐ / ☐☐ / ☐☐☐☐

Notes: ....

....

....

Nom: ....

Prénom(s): ....

Sexe : ☐ Femme   ☐ Homme   Date de naissance : ☐☐ / ☐☐ / ☐☐☐☐

Nationalité: ....

Emploi: ....

Qualification: ....

Type de contrat :

☐ Contrat à Durée Indéterminée ;	☐ Apprenti ;
☐ Contrat à Durée Déterminée ;	☐ Contrat de professionnalisation ;
☐ Temps complet ;	☐ Travailleur détaché ;
☐ Temps partiel ;	☐ Stagiaire ;
☐ Travail temporaire ;	☐ Autre .

Travailleur étranger :

Type, date et numéro du titre autorisant le travail (copie du titre à intégrer dans le dossier salarié).

....

....

Pour les stagiaires :

Nom du tuteur : ....

Lieu de présence : ....

Date d'entrée dans l'entreprise : ☐☐ / ☐☐ / ☐☐☐☐

Date de sortie de l'entreprise : ☐☐ / ☐☐ / ☐☐☐☐

Notes: ....

....

....

N° d'embauche:

Nom: ....

Prénom(s): ....

Sexe : ☐ Femme   ☐ Homme   Date de naissance : ☐☐ / ☐☐ / ☐☐☐☐

Nationalité: ....

Emploi: ....

Qualification: ....

Type de contrat :	
☐ Contrat à Durée Indéterminée ;	☐ Apprenti ;
☐ Contrat à Durée Déterminée ;	☐ Contrat de professionnalisation ;
☐ Temps complet ;	☐ Travailleur détaché ;
☐ Temps partiel ;	☐ Stagiaire ;
☐ Travail temporaire ;	☐ Autre :

Travailleur étranger :

Type, date et numéro du titre autorisant le travail (copie du titre à intégrer dans le dossier salarié):

....

....

....

Pour les stagiaires :

Nom du tuteur : ....

Lieu de présence : ....

Date d'entrée dans l'entreprise :   ☐☐ / ☐☐ / ☐☐☐☐

Date de sortie de l'entreprise :   ☐☐ / ☐☐ / ☐☐☐☐

Notes: ....

....

....

Nom: ....

Prénom(s): ....

Sexe : ☐ Femme   ☐ Homme   Date de naissance : ☐☐ / ☐☐ / ☐☐☐☐

Nationalité: ....

Emploi: ....

Qualification: ....

Type de contrat :
- ☐ Contrat à Durée Indéterminée ;
- ☐ Contrat à Durée Déterminée ;
- ☐ Temps complet ;
- ☐ Temps partiel ;
- ☐ Travail temporaire ;
- ☐ Apprenti ;
- ☐ Contrat de professionnalisation ;
- ☐ Travailleur détaché ;
- ☐ Stagiaire ;
- ☐ Autre .

Travailleur étranger :

Type, date et numéro du titre autorisant le travail (copie du titre à intégrer dans le dossier salarié).

....

....

....

Pour les stagiaires :

Nom du tuteur : ....

Lieu de présence : ....

Date d'entrée dans l'entreprise : ☐☐ / ☐☐ / ☐☐☐☐

Date de sortie de l'entreprise : ☐☐ / ☐☐ / ☐☐☐☐

Notes: ....

....

....

N° d'embauche:

Nom: ....

Prénom(s): ....

Sexe : ☐ Femme   ☐ Homme   Date de naissance : ☐☐ / ☐☐ / ☐☐☐☐

Nationalité: ....

Emploi: ....

Qualification: ....

Type de contrat :
- ☐ Contrat à Durée Indéterminée ;
- ☐ Contrat à Durée Déterminée ;
- ☐ Temps complet ;
- ☐ Temps partiel ;
- ☐ Travail temporaire ;
- ☐ Apprenti ;
- ☐ Contrat de professionnalisation ;
- ☐ Travailleur détaché ;
- ☐ Stagiaire ;
- ☐ Autre :

Travailleur étranger :

Type, date et numéro du titre autorisant le travail (copie du titre à intégrer dans le dossier salarié):

....

....

....

Pour les stagiaires :

Nom du tuteur : ....

Lieu de présence : ....

Date d'entrée dans l'entreprise : ☐☐ / ☐☐ / ☐☐☐☐

Date de sortie de l'entreprise : ☐☐ / ☐☐ / ☐☐☐☐

Notes: ....

....

....

N° d'embauche:

Nom: ....

Prénom(s): ....

Sexe : ☐ Femme   ☐ Homme   Date de naissance : ☐☐ / ☐☐ / ☐☐☐☐

Nationalité: ....

Emploi: ....

Qualification: ....

Type de contrat :	
☐ Contrat à Durée Indéterminée ;	☐ Apprenti ;
☐ Contrat à Durée Déterminée ;	☐ Contrat de professionnalisation ;
☐ Temps complet ;	☐ Travailleur détaché ;
☐ Temps partiel ;	☐ Stagiaire ;
☐ Travail temporaire ;	☐ Autre .

Travailleur étranger :

Type, date et numéro du titre autorisant le travail (copie du titre à intégrer dans le dossier salarié)

....

....

Pour les stagiaires :

Nom du tuteur : ....

Lieu de présence : ....

Date d'entrée dans l'entreprise : ☐☐ / ☐☐ / ☐☐☐☐

Date de sortie de l'entreprise : ☐☐ / ☐☐ / ☐☐☐☐

Notes: ....

....

....

N° d'embauche:

Nom: ....

Prénom(s): ....

Sexe : ☐ Femme   ☐ Homme   Date de naissance : ☐☐ / ☐☐ / ☐☐☐☐

Nationalité: ....

Emploi: ....

Qualification: ....

Type de contrat :	
☐ Contrat à Durée Indéterminée ;	☐ Apprenti ;
☐ Contrat à Durée Déterminée ;	☐ Contrat de professionnalisation ;
☐ Temps complet ;	☐ Travailleur détaché ;
☐ Temps partiel ;	☐ Stagiaire ;
☐ Travail temporaire ;	☐ Autre :

Travailleur étranger :

Type, date et numéro du titre autorisant le travail (copie du titre à intégrer dans le dossier salarié)

....

....

....

Pour les stagiaires :

Nom du tuteur : ....

Lieu de présence : ....

Date d'entrée dans l'entreprise : ☐☐ / ☐☐ / ☐☐☐☐

Date de sortie de l'entreprise : ☐☐ / ☐☐ / ☐☐☐☐

Notes: ....

....

....

N° d'embauche:

Nom: ....

Prénom(s): ....

Sexe : ☐ Femme ☐ Homme   Date de naissance : ☐☐ / ☐☐ / ☐☐☐☐

Nationalité: ....

Emploi: ....

Qualification: ....

Type de contrat :
☐ Contrat à Durée Indéterminée ;   ☐ Apprenti ;
☐ Contrat à Durée Déterminée ;   ☐ Contrat de professionnalisation ;
☐ Temps complet ;   ☐ Travailleur détaché ;
☐ Temps partiel ;   ☐ Stagiaire ;
☐ Travail temporaire ;   ☐ Autre :

Travailleur étranger :

Type, date et numéro du titre autorisant le travail (copie du titre à intégrer dans le dossier salarié):

....

....

....

Pour les stagiaires :

Nom du tuteur : ....

Lieu de présence : ....

Date d'entrée dans l'entreprise : ☐☐ / ☐☐ / ☐☐☐☐

Date de sortie de l'entreprise : ☐☐ / ☐☐ / ☐☐☐☐

Notes: ....

....

....

N° d'embauche:

Nom: ....

Prénom(s): ....

Sexe : ☐ Femme   ☐ Homme   Date de naissance : ☐☐ / ☐☐ / ☐☐☐☐

Nationalité: ....

Emploi: ....

Qualification: ....

Type de contrat :
☐ Contrat à Durée Indéterminée ;   ☐ Apprenti ;
☐ Contrat à Durée Déterminée ;   ☐ Contrat de professionnalisation ;
☐ Temps complet ;   ☐ Travailleur détaché ;
☐ Temps partiel ;   ☐ Stagiaire ;
☐ Travail temporaire ;   ☐ Autre .

Travailleur étranger :

Type, date et numéro du titre autorisant le travail (copie du titre à intégrer dans le dossier salarié)

....

....

....

Pour les stagiaires :

Nom du tuteur : ....

Lieu de présence : ....

Date d'entrée dans l'entreprise : ☐☐ / ☐☐ / ☐☐☐☐

Date de sortie de l'entreprise : ☐☐ / ☐☐ / ☐☐☐☐

Notes: ....
....
....

N° d'embauche:

Nom: ....

Prénom(s): ....

Sexe : ☐ Femme ☐ Homme   Date de naissance : ☐☐ / ☐☐ / ☐☐☐☐

Nationalité: ....

Emploi: ....

Qualification: ....

Type de contrat :	
☐ Contrat à Durée Indéterminée ;	☐ Apprenti ;
☐ Contrat à Durée Déterminée ;	☐ Contrat de professionnalisation ;
☐ Temps complet ;	☐ Travailleur détaché ;
☐ Temps partiel ;	☐ Stagiaire ;
☐ Travail temporaire ;	☐ Autre :

Travailleur étranger :

Type, date et numéro du titre autorisant le travail (copie du titre à intégrer dans le dossier salarié) :

....

....

....

Pour les stagiaires :

Nom du tuteur : ....

Lieu de présence : ....

Date d'entrée dans l'entreprise : ☐☐ / ☐☐ / ☐☐☐☐

Date de sortie de l'entreprise : ☐☐ / ☐☐ / ☐☐☐☐

Notes: ....

....

....

N° d'embauche:

Nom: ....

Prénom(s): ....

Sexe : ☐ Femme   ☐ Homme   Date de naissance : ☐☐ / ☐☐ / ☐☐☐☐

Nationalité: ....

Emploi: ....

Qualification: ....

Type de contrat :
☐ Contrat à Durée Indéterminée ;   ☐ Apprenti ;
☐ Contrat à Durée Déterminée ;   ☐ Contrat de professionnalisation ;
☐ Temps complet ;   ☐ Travailleur détaché ;
☐ Temps partiel ;   ☐ Stagiaire ;
☐ Travail temporaire ;   ☐ Autre .

Travailleur étranger :

Type, date et numéro du titre autorisant le travail (copie du titre à intégrer dans le dossier salarié)

....

....

....

Pour les stagiaires :

Nom du tuteur : ....

Lieu de présence : ....

Date d'entrée dans l'entreprise : ☐☐ / ☐☐ / ☐☐☐☐

Date de sortie de l'entreprise : ☐☐ / ☐☐ / ☐☐☐☐

Notes: ....

....

....

N° d'embauche:

Nom: ....

Prénom(s): ....

Sexe : ☐ Femme   ☐ Homme   Date de naissance : ☐☐ / ☐☐ / ☐☐☐☐

Nationalité: ....

Emploi: ....

Qualification: ....

Type de contrat :		
☐ Contrat à Durée Indéterminée ;	☐ Apprenti ;	
☐ Contrat à Durée Déterminée ;	☐ Contrat de professionnalisation ;	
☐ Temps complet ;	☐ Travailleur détaché ;	
☐ Temps partiel ;	☐ Stagiaire ;	
☐ Travail temporaire ;	☐ Autre :	

Travailleur étranger :

Type, date et numéro du titre autorisant le travail (copie du titre à intégrer dans le dossier salarié):

....

....

....

Pour les stagiaires :

Nom du tuteur : ....

Lieu de présence : ....

Date d'entrée dans l'entreprise : ☐☐ / ☐☐ / ☐☐☐☐

Date de sortie de l'entreprise : ☐☐ / ☐☐ / ☐☐☐☐

Notes: ....

....

....

N° d'embauche:

Nom: ....

Prénom(s): ....

Sexe : ☐ Femme   ☐ Homme   Date de naissance : ☐☐ / ☐☐ / ☐☐☐☐

Nationalité: ....

Emploi: ....

Qualification: ....

Type de contrat :	
☐ Contrat à Durée Indéterminée ;	☐ Apprenti ;
☐ Contrat à Durée Déterminée ;	☐ Contrat de professionnalisation ;
☐ Temps complet ;	☐ Travailleur détaché ;
☐ Temps partiel ;	☐ Stagiaire ;
☐ Travail temporaire ;	☐ Autre .

Travailleur étranger :

Type, date et numéro du titre autorisant le travail (copie du titre à intégrer dans le dossier salarié)

....

....

....

Pour les stagiaires :

Nom du tuteur : ....

Lieu de présence : ....

Date d'entrée dans l'entreprise : ☐☐ / ☐☐ / ☐☐☐☐

Date de sortie de l'entreprise : ☐☐ / ☐☐ / ☐☐☐☐

Notes: ....

....

....

N° d'embauche:

Nom: ....

Prénom(s): ....

Sexe : ☐ Femme   ☐ Homme   Date de naissance : ☐☐ / ☐☐ / ☐☐☐☐

Nationalité: ....

Emploi: ....

Qualification: ....

Type de contrat :
- ☐ Contrat à Durée Indéterminée ;
- ☐ Contrat à Durée Déterminée ;
- ☐ Temps complet ;
- ☐ Temps partiel ;
- ☐ Travail temporaire ;
- ☐ Apprenti ;
- ☐ Contrat de professionnalisation ;
- ☐ Travailleur détaché ;
- ☐ Stagiaire ;
- ☐ Autre :

Travailleur étranger :

Type, date et numéro du titre autorisant le travail (copie du titre à intégrer dans le dossier salarié):

....

....

....

Pour les stagiaires :

Nom du tuteur : ....

Lieu de présence : ....

Date d'entrée dans l'entreprise : ☐☐ / ☐☐ / ☐☐☐☐

Date de sortie de l'entreprise : ☐☐ / ☐☐ / ☐☐☐☐

Notes: ....

....

....

N° d'embauche:

Nom: ....

Prénom(s): ....

Sexe : ☐ Femme   ☐ Homme   Date de naissance : ☐☐ / ☐☐ / ☐☐☐☐

Nationalité: ....

Emploi: ....

Qualification: ....

Type de contrat :

☐ Contrat à Durée Indéterminée ;   ☐ Apprenti ;

☐ Contrat à Durée Déterminée ;   ☐ Contrat de professionnalisation ;

☐ Temps complet ;   ☐ Travailleur détaché ;

☐ Temps partiel ;   ☐ Stagiaire ;

☐ Travail temporaire ;   ☐ Autre .

Travailleur étranger :

Type, date et numéro du titre autorisant le travail (copie du titre à intégrer dans le dossier salarié).

....

....

....

Pour les stagiaires :

Nom du tuteur : ....

Lieu de présence : ....

Date d'entrée dans l'entreprise : ☐☐ / ☐☐ / ☐☐☐☐

Date de sortie de l'entreprise : ☐☐ / ☐☐ / ☐☐☐☐

Notes: ....

....

....

N° d'embauche:

Nom: ....

Prénom(s): ....

Sexe : ☐ Femme ☐ Homme   Date de naissance : ☐☐ / ☐☐ / ☐☐☐☐

Nationalité: ....

Emploi: ....

Qualification: ....

Type de contrat :	
☐ Contrat à Durée Indéterminée ;	☐ Apprenti ;
☐ Contrat à Durée Déterminée ;	☐ Contrat de professionnalisation ;
☐ Temps complet ;	☐ Travailleur détaché ;
☐ Temps partiel ;	☐ Stagiaire ;
☐ Travail temporaire ;	☐ Autre :

Travailleur étranger :

Type, date et numéro du titre autorisant le travail (copie du titre à intégrer dans le dossier salarié):

....

....

....

Pour les stagiaires :

Nom du tuteur : ....

Lieu de présence : ....

Date d'entrée dans l'entreprise : ☐☐ / ☐☐ / ☐☐☐☐

Date de sortie de l'entreprise : ☐☐ / ☐☐ / ☐☐☐☐

Notes: ....

....

....

N° d'embauche:

Nom: ....

Prénom(s): ....

Sexe : ☐ Femme ☐ Homme   Date de naissance : ☐☐ / ☐☐ / ☐☐☐☐

Nationalité: ....

Emploi: ....

Qualification: ....

Type de contrat :	
☐ Contrat à Durée Indéterminée ;	☐ Apprenti ;
☐ Contrat à Durée Déterminée ;	☐ Contrat de professionnalisation ;
☐ Temps complet ;	☐ Travailleur détaché ;
☐ Temps partiel ;	☐ Stagiaire ;
☐ Travail temporaire ;	☐ Autre .

Travailleur étranger :

Type, date et numéro du titre autorisant le travail (copie du titre à intégrer dans le dossier salarié).

....

....

....

Pour les stagiaires :

Nom du tuteur : ....

Lieu de présence : ....

Date d'entrée dans l'entreprise : ☐☐ / ☐☐ / ☐☐☐☐

Date de sortie de l'entreprise : ☐☐ / ☐☐ / ☐☐☐☐

Notes: ....

....

....

N° d'embauche:

Nom: ....

Prénom(s): ....

Sexe : ☐ Femme ☐ Homme   Date de naissance : ☐☐ / ☐☐ / ☐☐☐☐

Nationalité: ....

Emploi: ....

Qualification: ....

Type de contrat :

☐ Contrat à Durée Indéterminée ;	☐ Apprenti ;
☐ Contrat à Durée Déterminée ;	☐ Contrat de professionnalisation ;
☐ Temps complet ;	☐ Travailleur détaché ;
☐ Temps partiel ;	☐ Stagiaire ;
☐ Travail temporaire ;	☐ Autre :

Travailleur étranger :

Type, date et numéro du titre autorisant le travail (copie du titre à intégrer dans le dossier salarié):

....

....

....

Pour les stagiaires :

Nom du tuteur : ....

Lieu de présence : ....

Date d'entrée dans l'entreprise : ☐☐ / ☐☐ / ☐☐☐☐

Date de sortie de l'entreprise : ☐☐ / ☐☐ / ☐☐☐☐

Notes: ....

....

....

N° d'embauche:

Nom: ....

Prénom(s): ....

Sexe : ☐ Femme   ☐ Homme   Date de naissance : ☐☐ / ☐☐ / ☐☐☐☐

Nationalité: ....

Emploi: ....

Qualification: ....

Type de contrat :
☐ Contrat à Durée Indéterminée ;   ☐ Apprenti ;
☐ Contrat à Durée Déterminée ;   ☐ Contrat de professionnalisation ;
☐ Temps complet ;   ☐ Travailleur détaché ;
☐ Temps partiel ;   ☐ Stagiaire ;
☐ Travail temporaire ;   ☐ Autre .

Travailleur étranger :

Type, date et numéro du titre autorisant le travail (copie du titre à intégrer dans le dossier salarié)

....

....

....

Pour les stagiaires :

Nom du tuteur : ....

Lieu de présence : ....

Date d'entrée dans l'entreprise : ☐☐ / ☐☐ / ☐☐☐☐

Date de sortie de l'entreprise : ☐☐ / ☐☐ / ☐☐☐☐

Notes: ....

....

....

N° d'embauche:

Nom: ....

Prénom(s): ....

Sexe : ☐ Femme   ☐ Homme   Date de naissance : ☐☐ / ☐☐ / ☐☐☐☐

Nationalité: ....

Emploi: ....

Qualification: ....

<table>
<tr><td>Type de contrat :</td><td>☐ Contrat à Durée Indéterminée ;</td><td>☐ Apprenti ;</td></tr>
<tr><td></td><td>☐ Contrat à Durée Déterminée ;</td><td>☐ Contrat de professionnalisation ;</td></tr>
<tr><td></td><td>☐ Temps complet ;</td><td>☐ Travailleur détaché ;</td></tr>
<tr><td></td><td>☐ Temps partiel ;</td><td>☐ Stagiaire ;</td></tr>
<tr><td></td><td>☐ Travail temporaire ;</td><td>☐ Autre :</td></tr>
</table>

Travailleur étranger :

Type, date et numéro du titre autorisant le travail (copie du titre à intégrer dans le dossier salarié) :

....

....

....

Pour les stagiaires :

Nom du tuteur : ....

Lieu de présence : ....

Date d'entrée dans l'entreprise : ☐☐ / ☐☐ / ☐☐☐☐

Date de sortie de l'entreprise : ☐☐ / ☐☐ / ☐☐☐☐

Notes: ....

....

....

N° d'embauche:

Nom: ....

Prénom(s): ....

Sexe : ☐ Femme   ☐ Homme   Date de naissance : ☐☐ / ☐☐ / ☐☐☐☐

Nationalité: ....

Emploi: ....

Qualification: ....

Type de contrat :	
☐ Contrat à Durée Indéterminée ;	☐ Apprenti ;
☐ Contrat à Durée Déterminée ;	☐ Contrat de professionnalisation ;
☐ Temps complet ;	☐ Travailleur détaché ;
☐ Temps partiel ;	☐ Stagiaire ;
☐ Travail temporaire ;	☐ Autre .

Travailleur étranger :

Type, date et numéro du titre autorisant le travail (copie du titre à intégrer dans le dossier salarié).

....

....

....

Pour les stagiaires :

Nom du tuteur : ....

Lieu de présence : ....

Date d'entrée dans l'entreprise : ☐☐ / ☐☐ / ☐☐☐☐

Date de sortie de l'entreprise : ☐☐ / ☐☐ / ☐☐☐☐

Notes: ....

....

....

N° d'embauche:

Nom: ....

Prénom(s): ....

Sexe : ☐ Femme   ☐ Homme   Date de naissance : ☐☐ / ☐☐ / ☐☐☐☐

Nationalité: ....

Emploi: ....

Qualification: ....

Type de contrat :		
☐ Contrat à Durée Indéterminée ;	☐ Apprenti ;
☐ Contrat à Durée Déterminée ;	☐ Contrat de professionnalisation ;
☐ Temps complet ;	☐ Travailleur détaché ;
☐ Temps partiel ;	☐ Stagiaire ;
☐ Travail temporaire ;	☐ Autre :

Travailleur étranger :

Type, date et numéro du titre autorisant le travail (copie du titre à intégrer dans le dossier salarié):

....

....

....

Pour les stagiaires :

Nom du tuteur : ....

Lieu de présence : ....

Date d'entrée dans l'entreprise : ☐☐ / ☐☐ / ☐☐☐☐

Date de sortie de l'entreprise : ☐☐ / ☐☐ / ☐☐☐☐

Notes: ....

....

....

N° d'embauche:

Nom: ....

Prénom(s): ....

Sexe : ☐ Femme   ☐ Homme   Date de naissance : ☐☐ / ☐☐ / ☐☐☐☐

Nationalité: ....

Emploi: ....

Qualification: ....

Type de contrat :
☐ Contrat à Durée Indéterminée ;   ☐ Apprenti ;
☐ Contrat à Durée Déterminée ;   ☐ Contrat de professionnalisation ;
☐ Temps complet ;   ☐ Travailleur détaché ;
☐ Temps partiel ;   ☐ Stagiaire ;
☐ Travail temporaire ;   ☐ Autre .

Travailleur étranger :

Type, date et numéro du titre autorisant le travail (copie du titre à intégrer dans le dossier salarié)

....

....

....

Pour les stagiaires :

Nom du tuteur : ....

Lieu de présence : ....

Date d'entrée dans l'entreprise : ☐☐ / ☐☐ / ☐☐☐☐

Date de sortie de l'entreprise : ☐☐ / ☐☐ / ☐☐☐☐

Notes: ....

....

....

N° d'embauche:

Nom: ....

Prénom(s): ....

Sexe : ☐ Femme   ☐ Homme   Date de naissance : ☐☐ / ☐☐ / ☐☐☐☐

Nationalité: ....

Emploi: ....

Qualification: ....

Type de contrat :	
☐ Contrat à Durée Indéterminée ;	☐ Apprenti ;
☐ Contrat à Durée Déterminée ;	☐ Contrat de professionnalisation ;
☐ Temps complet ;	☐ Travailleur détaché ;
☐ Temps partiel ;	☐ Stagiaire ;
☐ Travail temporaire ;	☐ Autre :

Travailleur étranger :

Type, date et numéro du titre autorisant le travail (copie du titre à intégrer dans le dossier salarié)

....

....

....

Pour les stagiaires :

Nom du tuteur : ....

Lieu de présence : ....

Date d'entrée dans l'entreprise : ☐☐ / ☐☐ / ☐☐☐☐

Date de sortie de l'entreprise : ☐☐ / ☐☐ / ☐☐☐☐

Notes: ....

....

....

N° d'embauche:

Nom: ....

Prénom(s): ....

Sexe : ☐ Femme   ☐ Homme   Date de naissance : ☐☐ / ☐☐ / ☐☐☐☐

Nationalité: ....

Emploi: ....

Qualification: ....

Type de contrat :	
☐ Contrat a Durée Indéterminée ;	☐ Apprenti ;
☐ Contrat a Durée Déterminée ;	☐ Contrat de professionnalisation ;
☐ Temps complet ;	☐ Travailleur détaché ;
☐ Temps partiel ;	☐ Stagiaire ;
☐ Travail temporaire ;	☐ Autre.

Travailleur étranger :

Type, date et numéro du titre autorisant le travail (copie du titre à intégrer dans le dossier salarié)

....

....

....

Pour les stagiaires :

Nom du tuteur : ....

Lieu de présence : ....

Date d'entrée dans l'entreprise : ☐☐ / ☐☐ / ☐☐☐☐

Date de sortie de l'entreprise : ☐☐ / ☐☐ / ☐☐☐☐

Notes: ....

....

....

N° d'embauche:

Nom: ....

Prénom(s): ....

Sexe : ☐ Femme   ☐ Homme   Date de naissance : ☐☐ / ☐☐ / ☐☐☐☐

Nationalité: ....

Emploi: ....

Qualification: ....

Type de contrat :
- ☐ Contrat à Durée Indéterminée ;
- ☐ Contrat à Durée Déterminée ;
- ☐ Temps complet ;
- ☐ Temps partiel ;
- ☐ Travail temporaire ;
- ☐ Apprenti ;
- ☐ Contrat de professionnalisation ;
- ☐ Travailleur détaché ;
- ☐ Stagiaire ;
- ☐ Autre :

Travailleur étranger :

Type, date et numéro du titre autorisant le travail (copie du titre à intégrer dans le dossier salarié):

....

....

....

Pour les stagiaires :

Nom du tuteur : ....

Lieu de présence : ....

Date d'entrée dans l'entreprise : ☐☐ / ☐☐ / ☐☐☐☐

Date de sortie de l'entreprise : ☐☐ / ☐☐ / ☐☐☐☐

Notes: ....

....

....

N° d'embauche:

Nom: ....

Prénom(s): ....

Sexe : ☐ Femme   ☐ Homme   Date de naissance : ☐☐ / ☐☐ / ☐☐☐☐

Nationalité: ....

Emploi: ....

Qualification: ....

Type de contrat :
- ☐ Contrat à Durée Indéterminée ;
- ☐ Contrat à Durée Déterminée ;
- ☐ Temps complet ;
- ☐ Temps partiel ;
- ☐ Travail temporaire ;
- ☐ Apprenti ;
- ☐ Contrat de professionnalisation ;
- ☐ Travailleur détaché ;
- ☐ Stagiaire ;
- ☐ Autre :

Travailleur étranger :

Type, date et numéro du titre autorisant le travail (copie du titre à intégrer dans le dossier salarié)

....

....

....

Pour les stagiaires :

Nom du tuteur : ....

Lieu de présence : ....

Date d'entrée dans l'entreprise : ☐☐ / ☐☐ / ☐☐☐☐

Date de sortie de l'entreprise : ☐☐ / ☐☐ / ☐☐☐☐

Notes: ....

....

....

N° d'embauche:

Nom: ....

Prénom(s): ....

Sexe : ☐ Femme ☐ Homme   Date de naissance : ☐☐ / ☐☐ / ☐☐☐☐

Nationalité: ....

Emploi: ....

Qualification: ....

Type de contrat :
☐ Contrat à Durée Indéterminée ;   ☐ Apprenti ;
☐ Contrat à Durée Déterminée ;   ☐ Contrat de professionnalisation ;
☐ Temps complet ;   ☐ Travailleur détaché ;
☐ Temps partiel ;   ☐ Stagiaire ;
☐ Travail temporaire ;   ☐ Autre :

Travailleur étranger :

Type, date et numéro du titre autorisant le travail (copie du titre à intégrer dans le dossier salarié):

....

....

....

Pour les stagiaires :

Nom du tuteur : ....

Lieu de présence : ....

Date d'entrée dans l'entreprise : ☐☐ / ☐☐ / ☐☐☐☐

Date de sortie de l'entreprise : ☐☐ / ☐☐ / ☐☐☐☐

Notes: ....

....

....

N° d'embauche:

Nom: ....

Prénom(s): ....

Sexe : ☐ Femme   ☐ Homme   Date de naissance : ☐☐ / ☐☐ / ☐☐☐☐

Nationalité: ....

Emploi: ....

Qualification: ....

Type de contrat :	
☐ Contrat à Durée Indéterminée ;	☐ Apprenti ;
☐ Contrat à Durée Déterminée ;	☐ Contrat de professionnalisation ;
☐ Temps complet ;	☐ Travailleur détaché ;
☐ Temps partiel ;	☐ Stagiaire ;
☐ Travail temporaire ;	☐ Autre .

Travailleur étranger :

Type, date et numéro du titre autorisant le travail (copie du titre à intégrer dans le dossier salarié)

....

....

....

Pour les stagiaires :

Nom du tuteur : ....

Lieu de présence : ....

Date d'entrée dans l'entreprise : ☐☐ / ☐☐ / ☐☐☐☐

Date de sortie de l'entreprise : ☐☐ / ☐☐ / ☐☐☐☐

Notes: ....

....

....

Nom: ....

Prénom(s): ....

Sexe : ☐ Femme   ☐ Homme   Date de naissance : ☐☐ / ☐☐ / ☐☐☐☐

Nationalité: ....

Emploi: ....

Qualification: ....

Type de contrat :
- ☐ Contrat à Durée Indéterminée ;
- ☐ Contrat à Durée Déterminée ;
- ☐ Temps complet ;
- ☐ Temps partiel ;
- ☐ Travail temporaire ;
- ☐ Apprenti ;
- ☐ Contrat de professionnalisation ;
- ☐ Travailleur détaché ;
- ☐ Stagiaire ;
- ☐ Autre :

Travailleur étranger :

Type, date et numéro du titre autorisant le travail (copie du titre à intégrer dans le dossier salarié):

....

....

....

Pour les stagiaires :

Nom du tuteur : ....

Lieu de présence : ....

Date d'entrée dans l'entreprise : ☐☐ / ☐☐ / ☐☐☐☐

Date de sortie de l'entreprise : ☐☐ / ☐☐ / ☐☐☐☐

Notes: ....

....

....

N° d'embauche:

Nom: ....

Prénom(s): ....

Sexe : ☐ Femme   ☐ Homme   Date de naissance : ☐☐ / ☐☐ / ☐☐☐☐

Nationalité: ....

Emploi: ....

Qualification: ....

Type de contrat :	☐ Contrat à Durée Indéterminée ;	☐ Apprenti ;
	☐ Contrat à Durée Déterminée ;	☐ Contrat de professionnalisation ;
	☐ Temps complet ;	☐ Travailleur détaché ;
	☐ Temps partiel ;	☐ Stagiaire ;
	☐ Travail temporaire ;	☐ Autre .

Travailleur étranger :

Type, date et numéro du titre autorisant le travail (copie du titre à intégrer dans le dossier salarié)

....

....

....

Pour les stagiaires :

Nom du tuteur : ....

Lieu de présence : ....

Date d'entrée dans l'entreprise : ☐☐ / ☐☐ / ☐☐☐☐

Date de sortie de l'entreprise : ☐☐ / ☐☐ / ☐☐☐☐

Notes: ....

....

....

N° d'embauche:

Nom: ....

Prénom(s): ....

Sexe : ☐ Femme ☐ Homme   Date de naissance : ☐☐ / ☐☐ / ☐☐☐☐

Nationalité: ....

Emploi: ....

Qualification: ....

Type de contrat :
☐ Contrat à Durée Indéterminée ;   ☐ Apprenti ;
☐ Contrat à Durée Déterminée ;   ☐ Contrat de professionnalisation ;
☐ Temps complet ;   ☐ Travailleur détaché ;
☐ Temps partiel ;   ☐ Stagiaire ;
☐ Travail temporaire ;   ☐ Autre :

Travailleur étranger :

Type, date et numéro du titre autorisant le travail (copie du titre à intégrer dans le dossier salarié):

....

....

....

Pour les stagiaires :

Nom du tuteur : ....

Lieu de présence : ....

Date d'entrée dans l'entreprise : ☐☐ / ☐☐ / ☐☐☐☐

Date de sortie de l'entreprise : ☐☐ / ☐☐ / ☐☐☐☐

Notes: ....

....

....

N° d'embauche:

Nom: ....

Prénom(s): ....

Sexe : ☐ Femme   ☐ Homme   Date de naissance : ☐☐ / ☐☐ / ☐☐☐☐

Nationalité: ....

Emploi: ....

Qualification: ....

Type de contrat :
☐ Contrat à Durée Indéterminée ;
☐ Contrat à Durée Déterminée ;
☐ Temps complet ;
☐ Temps partiel ;
☐ Travail temporaire ;
☐ Apprenti ;
☐ Contrat de professionnalisation ;
☐ Travailleur détaché ;
☐ Stagiaire ;
☐ Autre .

Travailleur étranger :

Type, date et numéro du titre autorisant le travail (copie du titre à intégrer dans le dossier salarié).

....

....

....

Pour les stagiaires :

Nom du tuteur : ....

Lieu de présence : ....

Date d'entrée dans l'entreprise : ☐☐ / ☐☐ / ☐☐☐☐

Date de sortie de l'entreprise : ☐☐ / ☐☐ / ☐☐☐☐

Notes: ....

....

....

N° d'embauche:

Nom: ....

Prénom(s): ....

Sexe : ☐ Femme ☐ Homme   Date de naissance : ☐☐ / ☐☐ / ☐☐☐☐

Nationalité: ....

Emploi: ....

Qualification: ....

Type de contrat :	
☐ Contrat à Durée Indéterminée ;	☐ Apprenti ;
☐ Contrat à Durée Déterminée ;	☐ Contrat de professionnalisation ;
☐ Temps complet ;	☐ Travailleur détaché ;
☐ Temps partiel ;	☐ Stagiaire ;
☐ Travail temporaire ;	☐ Autre :

Travailleur étranger :

Type, date et numéro du titre autorisant le travail (copie du titre à intégrer dans le dossier salarié):

....

....

....

Pour les stagiaires :

Nom du tuteur : ....

Lieu de présence : ....

Date d'entrée dans l'entreprise : ☐☐ / ☐☐ / ☐☐☐☐

Date de sortie de l'entreprise : ☐☐ / ☐☐ / ☐☐☐☐

Notes: ....

....

....

N° d'embauche:

Nom: ....

Prénom(s): ....

Sexe : ☐ Femme   ☐ Homme   Date de naissance : ☐☐ / ☐☐ / ☐☐☐☐

Nationalité: ....

Emploi: ....

Qualification: ....

Type de contrat :	
☐ Contrat à Durée Indéterminée ;	☐ Apprenti ;
☐ Contrat à Durée Déterminée ;	☐ Contrat de professionnalisation ;
☐ Temps complet ;	☐ Travailleur détaché ;
☐ Temps partiel ;	☐ Stagiaire ;
☐ Travail temporaire ;	☐ Autre .

Travailleur étranger :

Type, date et numéro du titre autorisant le travail (copie du titre à intégrer dans le dossier salarié)

....

....

....

Pour les stagiaires :

Nom du tuteur : ....

Lieu de présence : ....

Date d'entrée dans l'entreprise : ☐☐ / ☐☐ / ☐☐☐☐

Date de sortie de l'entreprise : ☐☐ / ☐☐ / ☐☐☐☐

Notes: ....

....

....

N° d'embauche:

Nom: ....

Prénom(s): ....

Sexe : ☐ Femme ☐ Homme   Date de naissance : ☐☐ / ☐☐ / ☐☐☐☐

Nationalité: ....

Emploi: ....

Qualification: ....

Type de contrat :
- ☐ Contrat à Durée Indéterminée ;
- ☐ Contrat à Durée Déterminée ;
- ☐ Temps complet ;
- ☐ Temps partiel ;
- ☐ Travail temporaire ;
- ☐ Apprenti ;
- ☐ Contrat de professionnalisation ;
- ☐ Travailleur détaché ;
- ☐ Stagiaire ;
- ☐ Autre :

Travailleur étranger :

Type, date et numéro du titre autorisant le travail (copie du titre à intégrer dans le dossier salarié) :

....

....

....

Pour les stagiaires :

Nom du tuteur : ....

Lieu de présence : ....

Date d'entrée dans l'entreprise : ☐☐ / ☐☐ / ☐☐☐☐

Date de sortie de l'entreprise : ☐☐ / ☐☐ / ☐☐☐☐

Notes: ....

....

....

N° d'embauche:

Nom: ....

Prénom(s): ....

Sexe : ☐ Femme   ☐ Homme   Date de naissance : ☐☐ / ☐☐ / ☐☐☐☐

Nationalité: ....

Emploi: ....

Qualification: ....

Type de contrat :	
☐ Contrat à Durée Indéterminée ;	☐ Apprenti ;
☐ Contrat à Durée Déterminée ;	☐ Contrat de professionnalisation ;
☐ Temps complet ;	☐ Travailleur détaché ;
☐ Temps partiel ;	☐ Stagiaire ;
☐ Travail temporaire ;	☐ Autre .

Travailleur étranger :

Type, date et numéro du titre autorisant le travail (copie du titre à intégrer dans le dossier salarié)

....

....

Pour les stagiaires :

Nom du tuteur : ....

Lieu de présence : ....

Date d'entrée dans l'entreprise : ☐☐ / ☐☐ / ☐☐☐☐

Date de sortie de l'entreprise : ☐☐ / ☐☐ / ☐☐☐☐

Notes: ....

....

....

N° d'embauche:

Nom: ....

Prénom(s): ....

Sexe : ☐ Femme ☐ Homme   Date de naissance : ☐☐ / ☐☐ / ☐☐☐☐

Nationalité: ....

Emploi: ....

Qualification: ....

Type de contrat :		
☐ Contrat à Durée Indéterminée ;	☐ Apprenti ;
☐ Contrat à Durée Déterminée ;	☐ Contrat de professionnalisation ;
☐ Temps complet ;	☐ Travailleur détaché ;
☐ Temps partiel ;	☐ Stagiaire ;
☐ Travail temporaire ;	☐ Autre :

Travailleur étranger :

Type, date et numéro du titre autorisant le travail (copie du titre à intégrer dans le dossier salarié):

....

....

....

Pour les stagiaires :

Nom du tuteur : ....

Lieu de présence : ....

Date d'entrée dans l'entreprise : ☐☐ / ☐☐ / ☐☐☐☐

Date de sortie de l'entreprise : ☐☐ / ☐☐ / ☐☐☐☐

Notes: ....

....

....

N° d'embauche:

Nom: ....

Prénom(s): ....

Sexe : ☐ Femme   ☐ Homme   Date de naissance : ☐☐ / ☐☐ / ☐☐☐☐

Nationalité: ....

Emploi: ....

Qualification: ....

Type de contrat :
☐ Contrat à Durée Indéterminée ;   ☐ Apprenti ;
☐ Contrat à Durée Déterminée ;   ☐ Contrat de professionnalisation ;
☐ Temps complet ;   ☐ Travailleur détaché ;
☐ Temps partiel ;   ☐ Stagiaire ;
☐ Travail temporaire ;   ☐ Autre .

Travailleur étranger :

Type, date et numéro du titre autorisant le travail (copie du titre à intégrer dans le dossier salarié)

....

....

....

Pour les stagiaires :

Nom du tuteur : ....

Lieu de présence : ....

Date d'entrée dans l'entreprise : ☐☐ / ☐☐ / ☐☐☐☐

Date de sortie de l'entreprise : ☐☐ / ☐☐ / ☐☐☐☐

Notes: ....

....

....

N° d'embauche:

Nom: ....

Prénom(s): ....

Sexe : ☐ Femme   ☐ Homme   Date de naissance : ☐☐ / ☐☐ / ☐☐☐☐

Nationalité: ....

Emploi: ....

Qualification: ....

Type de contrat :
- ☐ Contrat à Durée Indéterminée ;
- ☐ Contrat à Durée Déterminée ;
- ☐ Temps complet ;
- ☐ Temps partiel ;
- ☐ Travail temporaire ;
- ☐ Apprenti ;
- ☐ Contrat de professionnalisation ;
- ☐ Travailleur détaché ;
- ☐ Stagiaire ;
- ☐ Autre :

Travailleur étranger :

Type, date et numéro du titre autorisant le travail (copie du titre à intégrer dans le dossier salarié):

....

....

....

Pour les stagiaires :

Nom du tuteur : ....

Lieu de présence : ....

Date d'entrée dans l'entreprise : ☐☐ / ☐☐ / ☐☐☐☐

Date de sortie de l'entreprise : ☐☐ / ☐☐ / ☐☐☐☐

Notes: ....

....

....

Nom: ....

Prénom(s): ....

Sexe : ☐ Femme   ☐ Homme   Date de naissance : ☐☐ / ☐☐ / ☐☐☐☐

Nationalité: ....

Emploi: ....

Qualification: ....

Type de contrat :
☐ Contrat à Durée Indéterminée ;   ☐ Apprenti ;
☐ Contrat à Durée Déterminée ;   ☐ Contrat de professionnalisation ;
☐ Temps complet ;   ☐ Travailleur détaché ;
☐ Temps partiel ;   ☐ Stagiaire ;
☐ Travail temporaire ;   ☐ Autre .

Travailleur étranger :

Type, date et numéro du titre autorisant le travail (copie du titre à intégrer dans le dossier salarié)

....

....

Pour les stagiaires :

Nom du tuteur : ....

Lieu de présence : ....

Date d'entrée dans l'entreprise : ☐☐ / ☐☐ / ☐☐☐☐

Date de sortie de l'entreprise : ☐☐ / ☐☐ / ☐☐☐☐

Notes: ....

....

....

N° d'embauche:

Nom: ....

Prénom(s): ....

Sexe : ☐ Femme ☐ Homme   Date de naissance : ☐☐ / ☐☐ / ☐☐☐☐

Nationalité: ....

Emploi: ....

Qualification: ....

Type de contrat :
- ☐ Contrat à Durée Indéterminée ;
- ☐ Contrat à Durée Déterminée ;
- ☐ Temps complet ;
- ☐ Temps partiel ;
- ☐ Travail temporaire ;
- ☐ Apprenti ;
- ☐ Contrat de professionnalisation ;
- ☐ Travailleur détaché ;
- ☐ Stagiaire ;
- ☐ Autre :

Travailleur étranger :

Type, date et numéro du titre autorisant le travail (copie du titre à intégrer dans le dossier salarié) :

....

....

....

Pour les stagiaires :

Nom du tuteur : ....

Lieu de présence : ....

Date d'entrée dans l'entreprise : ☐☐ / ☐☐ / ☐☐☐☐

Date de sortie de l'entreprise : ☐☐ / ☐☐ / ☐☐☐☐

Notes: ....

....

....

N° d'embauche:

Nom: ....

Prénom(s): ....

Sexe : ☐ Femme ☐ Homme   Date de naissance : ☐☐ / ☐☐ / ☐☐☐☐

Nationalité: ....

Emploi: ....

Qualification: ....

Type de contrat :	
☐ Contrat à Durée Indéterminée ;	☐ Apprenti ;
☐ Contrat à Durée Déterminée ;	☐ Contrat de professionnalisation ;
☐ Temps complet ;	☐ Travailleur détaché ;
☐ Temps partiel ;	☐ Stagiaire ;
☐ Travail temporaire ;	☐ Autre .

Travailleur étranger :

Type, date et numéro du titre autorisant le travail (copie du titre à intégrer dans le dossier salarié)

....

....

....

Pour les stagiaires :

Nom du tuteur : ....

Lieu de présence : ....

Date d'entrée dans l'entreprise : ☐☐ / ☐☐ / ☐☐☐☐

Date de sortie de l'entreprise : ☐☐ / ☐☐ / ☐☐☐☐

Notes: ....

....

....

N° d'embauche:

Nom: ....

Prénom(s): ....

Sexe : ☐ Femme   ☐ Homme   Date de naissance : ☐☐ / ☐☐ / ☐☐☐☐

Nationalité: ....

Emploi: ....

Qualification: ....

Type de contrat :	
☐ Contrat à Durée Indéterminée ;	☐ Apprenti ;
☐ Contrat à Durée Déterminée ;	☐ Contrat de professionnalisation ;
☐ Temps complet ;	☐ Travailleur détaché ;
☐ Temps partiel ;	☐ Stagiaire ;
☐ Travail temporaire ;	☐ Autre :

Travailleur étranger :

Type, date et numéro du titre autorisant le travail (copie du titre à intégrer dans le dossier salarié):

....

....

....

Pour les stagiaires :

Nom du tuteur : ....

Lieu de présence : ....

Date d'entrée dans l'entreprise : ☐☐ / ☐☐ / ☐☐☐☐

Date de sortie de l'entreprise : ☐☐ / ☐☐ / ☐☐☐☐

Notes: ....

....

....

N° d'embauche:

Nom: ....

Prénom(s): ....

Sexe : ☐ Femme   ☐ Homme   Date de naissance : ☐☐ / ☐☐ / ☐☐☐☐

Nationalité: ....

Emploi: ....

Qualification: ....

Type de contrat :
☐ Contrat à Durée Indéterminée ;   ☐ Apprenti ;
☐ Contrat à Durée Déterminée ;   ☐ Contrat de professionnalisation ;
☐ Temps complet ;   ☐ Travailleur détaché ;
☐ Temps partiel ;   ☐ Stagiaire ;
☐ Travail temporaire ;   ☐ Autre .

Travailleur étranger :

Type, date et numéro du titre autorisant le travail (copie du titre à intégrer dans le dossier salarié)

....

....

Pour les stagiaires :

Nom du tuteur : ....

Lieu de présence : ....

Date d'entrée dans l'entreprise : ☐☐ / ☐☐ / ☐☐☐☐

Date de sortie de l'entreprise : ☐☐ / ☐☐ / ☐☐☐☐

Notes: ....

....

....

N° d'embauche:

Nom: ....

Prénom(s): ....

Sexe : ☐ Femme ☐ Homme   Date de naissance : ☐☐ / ☐☐ / ☐☐☐☐

Nationalité: ....

Emploi: ....

Qualification: ....

Type de contrat :
☐ Contrat à Durée Indéterminée ;   ☐ Apprenti ;
☐ Contrat à Durée Déterminée ;   ☐ Contrat de professionnalisation ;
☐ Temps complet ;   ☐ Travailleur détaché ;
☐ Temps partiel ;   ☐ Stagiaire ;
☐ Travail temporaire ;   ☐ Autre :

Travailleur étranger :

Type, date et numéro du titre autorisant le travail (copie du titre à intégrer dans le dossier salarié):

....

....

....

Pour les stagiaires :

Nom du tuteur : ....

Lieu de présence : ....

Date d'entrée dans l'entreprise : ☐☐ / ☐☐ / ☐☐☐☐

Date de sortie de l'entreprise : ☐☐ / ☐☐ / ☐☐☐☐

Notes: ....

....

....

N° d'embauche:

Nom: ....

Prénom(s): ....

Sexe : ☐ Femme   ☐ Homme   Date de naissance : ☐☐ / ☐☐ / ☐☐☐☐

Nationalité: ....

Emploi: ....

Qualification: ....

Type de contrat :	
☐ Contrat à Durée Indéterminée ;	☐ Apprenti ;
☐ Contrat à Durée Déterminée ;	☐ Contrat de professionnalisation ;
☐ Temps complet ;	☐ Travailleur détaché ;
☐ Temps partiel ;	☐ Stagiaire ;
☐ Travail temporaire ;	☐ Autre :

Travailleur étranger :

Type, date et numéro du titre autorisant le travail (copie du titre à intégrer dans le dossier salarié)

....

....

....

Pour les stagiaires :

Nom du tuteur : ....

Lieu de présence : ....

Date d'entrée dans l'entreprise : ☐☐ / ☐☐ / ☐☐☐☐

Date de sortie de l'entreprise : ☐☐ / ☐☐ / ☐☐☐☐

Notes: ....

....

....

N° d'embauche:

Nom: ....

Prénom(s): ....

Sexe : ☐ Femme   ☐ Homme   Date de naissance : ☐☐ / ☐☐ / ☐☐☐☐

Nationalité: ....

Emploi: ....

Qualification: ....

Type de contrat :	
☐ Contrat à Durée Indéterminée ;	☐ Apprenti ;
☐ Contrat à Durée Déterminée ;	☐ Contrat de professionnalisation ;
☐ Temps complet ;	☐ Travailleur détaché ;
☐ Temps partiel ;	☐ Stagiaire ;
☐ Travail temporaire ;	☐ Autre :

Travailleur étranger :

Type, date et numéro du titre autorisant le travail (copie du titre à intégrer dans le dossier salarié) :

....

....

....

Pour les stagiaires :

Nom du tuteur : ....

Lieu de présence : ....

Date d'entrée dans l'entreprise : ☐☐ / ☐☐ / ☐☐☐☐

Date de sortie de l'entreprise : ☐☐ / ☐☐ / ☐☐☐☐

Notes: ....

....

....

N° d'embauche:

Nom: ....

Prénom(s): ....

Sexe : ☐ Femme   ☐ Homme   Date de naissance : ☐☐ / ☐☐ / ☐☐☐☐

Nationalité: ....

Emploi: ....

Qualification: ....

Type de contrat :

☐ Contrat a Durée Indéterminée ;	☐ Apprenti ;
☐ Contrat a Durée Déterminée ;	☐ Contrat de professionnalisation ;
☐ Temps complet ;	☐ Travailleur détaché ;
☐ Temps partiel ;	☐ Stagiaire ;
☐ Travail temporaire ;	☐ Autre .

Travailleur étranger :

Type, date et numéro du titre autorisant le travail (copie du titre à intégrer dans le dossier salarié)

....

....

Pour les stagiaires :

Nom du tuteur : ....

Lieu de présence : ....

Date d'entrée dans l'entreprise : ☐☐ / ☐☐ / ☐☐☐☐

Date de sortie de l'entreprise : ☐☐ / ☐☐ / ☐☐☐☐

Notes: ....

....

....

N° d'embauche:

Nom: ....

Prénom(s): ....

Sexe : ☐ Femme   ☐ Homme   Date de naissance : ☐☐ / ☐☐ / ☐☐☐☐

Nationalité: ....

Emploi: ....

Qualification: ....

Type de contrat :		
☐ Contrat à Durée Indéterminée ;		☐ Apprenti ;
☐ Contrat à Durée Déterminée ;		☐ Contrat de professionnalisation ;
☐ Temps complet ;		☐ Travailleur détaché ;
☐ Temps partiel ;		☐ Stagiaire ;
☐ Travail temporaire ;		☐ Autre :

Travailleur étranger :

Type, date et numéro du titre autorisant le travail (copie du titre à intégrer dans le dossier salarié):

....

....

....

Pour les stagiaires :

Nom du tuteur : ....

Lieu de présence : ....

Date d'entrée dans l'entreprise : ☐☐ / ☐☐ / ☐☐☐☐

Date de sortie de l'entreprise : ☐☐ / ☐☐ / ☐☐☐☐

Notes: ....

....

....

N° d'embauche:

Nom: ....

Prénom(s): ....

Sexe : ☐ Femme ☐ Homme   Date de naissance : ☐☐ / ☐☐ / ☐☐☐☐

Nationalité: ....

Emploi: ....

Qualification: ....

Type de contrat :
- ☐ Contrat à Durée Indéterminée ;
- ☐ Contrat à Durée Déterminée ;
- ☐ Temps complet ;
- ☐ Temps partiel ;
- ☐ Travail temporaire ;
- ☐ Apprenti ;
- ☐ Contrat de professionnalisation ;
- ☐ Travailleur détaché ;
- ☐ Stagiaire ;
- ☐ Autre .

Travailleur étranger :

Type, date et numéro du titre autorisant le travail (copie du titre à intégrer dans le dossier salarié)

....

....

Pour les stagiaires :

Nom du tuteur : ....

Lieu de présence : ....

Date d'entrée dans l'entreprise : ☐☐ / ☐☐ / ☐☐☐☐

Date de sortie de l'entreprise : ☐☐ / ☐☐ / ☐☐☐☐

Notes: ....

....

....

N° d'embauche:

Nom: ....

Prénom(s): ....

Sexe : ☐ Femme   ☐ Homme   Date de naissance : ☐☐ / ☐☐ / ☐☐☐☐

Nationalité: ....

Emploi: ....

Qualification: ....

Type de contrat :	
☐ Contrat à Durée Indéterminée ;	☐ Apprenti ;
☐ Contrat à Durée Déterminée ;	☐ Contrat de professionnalisation ;
☐ Temps complet ;	☐ Travailleur détaché ;
☐ Temps partiel ;	☐ Stagiaire ;
☐ Travail temporaire ;	☐ Autre :

Travailleur étranger :

Type, date et numéro du titre autorisant le travail (copie du titre à intégrer dans le dossier salarié).

....

....

....

Pour les stagiaires :

Nom du tuteur : ....

Lieu de présence : ....

Date d'entrée dans l'entreprise : ☐☐ / ☐☐ / ☐☐☐☐

Date de sortie de l'entreprise : ☐☐ / ☐☐ / ☐☐☐☐

Notes: ....

....

....

N° d'embauche:

Nom: ....

Prénom(s): ....

Sexe : ☐ Femme ☐ Homme   Date de naissance : ☐☐ / ☐☐ / ☐☐☐☐

Nationalité: ....

Emploi: ....

Qualification: ....

Type de contrat :	
☐ Contrat à Durée Indéterminée ;	☐ Apprenti ;
☐ Contrat à Durée Déterminée ;	☐ Contrat de professionnalisation ;
☐ Temps complet ;	☐ Travailleur détaché ;
☐ Temps partiel ;	☐ Stagiaire ;
☐ Travail temporaire ;	☐ Autre .

Travailleur étranger :

Type, date et numéro du titre autorisant le travail (copie du titre à intégrer dans le dossier salarié)

....

....

Pour les stagiaires :

Nom du tuteur : ....

Lieu de présence : ....

Date d'entrée dans l'entreprise : ☐☐ / ☐☐ / ☐☐☐☐

Date de sortie de l'entreprise : ☐☐ / ☐☐ / ☐☐☐☐

Notes: ....

....

....

N° d'embauche:

Nom: ....

Prénom(s): ....

Sexe : ☐ Femme ☐ Homme   Date de naissance : ☐☐ / ☐☐ / ☐☐☐☐

Nationalité: ....

Emploi: ....

Qualification: ....

Type de contrat :	
☐ Contrat à Durée Indéterminée ;	☐ Apprenti ;
☐ Contrat à Durée Déterminée ;	☐ Contrat de professionnalisation ;
☐ Temps complet ;	☐ Travailleur détaché ;
☐ Temps partiel ;	☐ Stagiaire ;
☐ Travail temporaire ;	☐ Autre :

Travailleur étranger :

Type, date et numéro du titre autorisant le travail (copie du titre à intégrer dans le dossier salarié):

....

....

....

Pour les stagiaires :

Nom du tuteur : ....

Lieu de présence : ....

Date d'entrée dans l'entreprise : ☐☐ / ☐☐ / ☐☐☐☐

Date de sortie de l'entreprise : ☐☐ / ☐☐ / ☐☐☐☐

Notes: ....

....

....

N° d'embauche:

Nom: ....

Prénom(s): ....

Sexe : ☐ Femme   ☐ Homme   Date de naissance : ☐☐ / ☐☐ / ☐☐☐☐

Nationalité: ....

Emploi: ....

Qualification: ....

Type de contrat :	
☐ Contrat à Durée Indéterminée ;	☐ Apprenti ;
☐ Contrat à Durée Déterminée ;	☐ Contrat de professionnalisation ;
☐ Temps complet ;	☐ Travailleur détaché ;
☐ Temps partiel ;	☐ Stagiaire ;
☐ Travail temporaire ;	☐ Autre :

Travailleur étranger :

Type, date et numéro du titre autorisant le travail (copie du titre à intégrer dans le dossier salarié)

....

....

....

Pour les stagiaires :

Nom du tuteur : ....

Lieu de présence : ....

Date d'entrée dans l'entreprise : ☐☐ / ☐☐ / ☐☐☐☐

Date de sortie de l'entreprise : ☐☐ / ☐☐ / ☐☐☐☐

Notes: ....

....

....

N° d'embauche:

Nom: ....

Prénom(s): ....

Sexe : ☐ Femme   ☐ Homme   Date de naissance : ☐☐ / ☐☐ / ☐☐☐☐

Nationalité: ....

Emploi: ....

Qualification: ....

Type de contrat :	
☐ Contrat à Durée Indéterminée ;	☐ Apprenti ;
☐ Contrat à Durée Déterminée ;	☐ Contrat de professionnalisation ;
☐ Temps complet ;	☐ Travailleur détaché ;
☐ Temps partiel ;	☐ Stagiaire ;
☐ Travail temporaire ;	☐ Autre :

Travailleur étranger ;

Type, date et numéro du titre autorisant le travail (copie du titre à intégrer dans le dossier salarié)

....

....

....

Pour les stagiaires :

Nom du tuteur : ....

Lieu de présence : ....

Date d'entrée dans l'entreprise : ☐☐ / ☐☐ / ☐☐☐☐

Date de sortie de l'entreprise : ☐☐ / ☐☐ / ☐☐☐☐

Notes: ....

....

....

N° d'embauche:

Nom: ....

Prénom(s): ....

Sexe : ☐ Femme   ☐ Homme   Date de naissance : ☐☐ / ☐☐ / ☐☐☐☐

Nationalité: ....

Emploi: ....

Qualification: ....

Type de contrat :

☐ Contrat à Durée Indéterminée ;   ☐ Apprenti ;

☐ Contrat à Durée Déterminée ;   ☐ Contrat de professionnalisation ;

☐ Temps complet ;   ☐ Travailleur détaché ;

☐ Temps partiel ;   ☐ Stagiaire ;

☐ Travail temporaire ;   ☐ Autre .

Travailleur étranger :

Type, date et numéro du titre autorisant le travail (copie du titre à intégrer dans le dossier salarié)

....

....

....

Pour les stagiaires :

Nom du tuteur : ....

Lieu de présence : ....

Date d'entrée dans l'entreprise : ☐☐ / ☐☐ / ☐☐☐☐

Date de sortie de l'entreprise : ☐☐ / ☐☐ / ☐☐☐☐

Notes: ....

....

....

N° d'embauche:

Nom: ....

Prénom(s): ....

Sexe : ☐ Femme ☐ Homme   Date de naissance : ☐☐ / ☐☐ / ☐☐☐☐

Nationalité: ....

Emploi: ....

Qualification: ....

Type de contrat :	
☐ Contrat à Durée Indéterminée ;	☐ Apprenti ;
☐ Contrat à Durée Déterminée ;	☐ Contrat de professionnalisation ;
☐ Temps complet ;	☐ Travailleur détaché ;
☐ Temps partiel ;	☐ Stagiaire ;
☐ Travail temporaire ;	☐ Autre :

Travailleur étranger :

Type, date et numéro du titre autorisant le travail (copie du titre à intégrer dans le dossier salarié):

....

....

....

Pour les stagiaires :

Nom du tuteur : ....

Lieu de présence : ....

Date d'entrée dans l'entreprise : ☐☐ / ☐☐ / ☐☐☐☐

Date de sortie de l'entreprise : ☐☐ / ☐☐ / ☐☐☐☐

Notes: ....

....

....

N° d'embauche:

Nom:

Prénom(s):

Sexe : ☐ Femme ☐ Homme   Date de naissance : ☐☐ / ☐☐ / ☐☐☐☐

Nationalité:

Emploi:

Qualification:

Type de contrat :	
☐ Contrat à Durée Indéterminée ;	☐ Apprenti ;
☐ Contrat à Durée Déterminée ;	☐ Contrat de professionnalisation ;
☐ Temps complet ;	☐ Travailleur détaché ;
☐ Temps partiel ;	☐ Stagiaire ;
☐ Travail temporaire ;	☐ Autre .

Travailleur étranger :

Type, date et numéro du titre autorisant le travail (copie du titre à intégrer dans le dossier salarié)

Pour les stagiaires :

Nom du tuteur :

Lieu de présence :

Date d'entrée dans l'entreprise : ☐☐ / ☐☐ / ☐☐☐☐

Date de sortie de l'entreprise : ☐☐ / ☐☐ / ☐☐☐☐

Notes:

N° d'embauche:

Nom: ....

Prénom(s): ....

Sexe : ☐ Femme   ☐ Homme   Date de naissance : ☐☐ / ☐☐ / ☐☐☐☐

Nationalité: ....

Emploi: ....

Qualification: ....

Type de contrat :	
☐ Contrat à Durée Indéterminée ;	☐ Apprenti ;
☐ Contrat à Durée Déterminée ;	☐ Contrat de professionnalisation ;
☐ Temps complet ;	☐ Travailleur détaché ;
☐ Temps partiel ;	☐ Stagiaire ;
☐ Travail temporaire ;	☐ Autre :

Travailleur étranger :

Type, date et numéro du titre autorisant le travail (copie du titre à intégrer dans le dossier salarié):

....

....

....

Pour les stagiaires :

Nom du tuteur : ....

Lieu de présence : ....

Date d'entrée dans l'entreprise : ☐☐ / ☐☐ / ☐☐☐☐

Date de sortie de l'entreprise : ☐☐ / ☐☐ / ☐☐☐☐

Notes: ....

....

....

N° d'embauche:

Nom: ....

Prénom(s): ....

Sexe : ☐ Femme ☐ Homme   Date de naissance : ☐☐ / ☐☐ / ☐☐☐☐

Nationalité: ....

Emploi: ....

Qualification: ....

Type de contrat :
- ☐ Contrat à Durée Indéterminée ;
- ☐ Contrat à Durée Déterminée ;
- ☐ Temps complet ;
- ☐ Temps partiel ;
- ☐ Travail temporaire ;
- ☐ Apprenti ;
- ☐ Contrat de professionnalisation ;
- ☐ Travailleur détaché ;
- ☐ Stagiaire ;
- ☐ Autre .

Travailleur étranger :

Type, date et numéro du titre autorisant le travail (copie du titre à intégrer dans le dossier salarié)

....

....

Pour les stagiaires :

Nom du tuteur : ....

Lieu de présence : ....

Date d'entrée dans l'entreprise : ☐☐ / ☐☐ / ☐☐☐☐

Date de sortie de l'entreprise : ☐☐ / ☐☐ / ☐☐☐☐

Notes: ....

....

....

N° d'embauche:

Nom: ....

Prénom(s): ....

Sexe : ☐ Femme   ☐ Homme   Date de naissance : ☐☐ / ☐☐ / ☐☐☐☐

Nationalité: ....

Emploi: ....

Qualification: ....

Type de contrat :
- ☐ Contrat à Durée Indéterminée ;
- ☐ Contrat à Durée Déterminée ;
- ☐ Temps complet ;
- ☐ Temps partiel ;
- ☐ Travail temporaire ;
- ☐ Apprenti ;
- ☐ Contrat de professionnalisation ;
- ☐ Travailleur détaché ;
- ☐ Stagiaire ;
- ☐ Autre :

Travailleur étranger :

Type, date et numéro du titre autorisant le travail (copie du titre à intégrer dans le dossier salarié)

....

....

....

Pour les stagiaires :

Nom du tuteur : ....

Lieu de présence : ....

Date d'entrée dans l'entreprise : ☐☐ / ☐☐ / ☐☐☐☐

Date de sortie de l'entreprise : ☐☐ / ☐☐ / ☐☐☐☐

Notes: ....

....

....

N° d'embauche:

Nom: ....

Prénom(s): ....

Sexe : ☐ Femme   ☐ Homme   Date de naissance : ☐☐ / ☐☐ / ☐☐☐☐

Nationalité: ....

Emploi: ....

Qualification: ....

Type de contrat :	
☐ Contrat à Durée Indéterminée ;	☐ Apprenti ;
☐ Contrat à Durée Déterminée ;	☐ Contrat de professionnalisation ;
☐ Temps complet ;	☐ Travailleur détaché ;
☐ Temps partiel ;	☐ Stagiaire ;
☐ Travail temporaire ;	☐ Autre .

Travailleur étranger :

Type, date et numéro du titre autorisant le travail (copie du titre à intégrer dans le dossier salarié)

....

....

Pour les stagiaires :

Nom du tuteur :

Lieu de présence : ....

Date d'entrée dans l'entreprise : ☐☐ / ☐☐ / ☐☐☐☐

Date de sortie de l'entreprise : ☐☐ / ☐☐ / ☐☐☐☐

Notes: ....

....

....

N° d'embauche:

Nom: ....

Prénom(s): ....

Sexe : ☐ Femme   ☐ Homme   Date de naissance : ☐☐ / ☐☐ / ☐☐☐☐

Nationalité: ....

Emploi: ....

Qualification: ....

Type de contrat :
- ☐ Contrat à Durée Indéterminée ;
- ☐ Contrat à Durée Déterminée ;
- ☐ Temps complet ;
- ☐ Temps partiel ;
- ☐ Travail temporaire ;
- ☐ Apprenti ;
- ☐ Contrat de professionnalisation ;
- ☐ Travailleur détaché ;
- ☐ Stagiaire ;
- ☐ Autre :

Travailleur étranger :

Type, date et numéro du titre autorisant le travail (copie du titre à intégrer dans le dossier salarié):

....

....

....

Pour les stagiaires :

Nom du tuteur : ....

Lieu de présence : ....

Date d'entrée dans l'entreprise : ☐☐ / ☐☐ / ☐☐☐☐

Date de sortie de l'entreprise : ☐☐ / ☐☐ / ☐☐☐☐

Notes: ....

....

....

N° d'embauche:

Nom: ....

Prénom(s): ....

Sexe : ☐ Femme   ☐ Homme   Date de naissance : ☐☐ / ☐☐ / ☐☐☐☐

Nationalité: ....

Emploi: ....

Qualification: ....

Type de contrat :	
☐ Contrat à Durée Indéterminée ;	☐ Apprenti ;
☐ Contrat à Durée Déterminée ;	☐ Contrat de professionnalisation ;
☐ Temps complet ;	☐ Travailleur détaché ;
☐ Temps partiel ;	☐ Stagiaire ;
☐ Travail temporaire ;	☐ Autre .

Travailleur étranger :

Type, date et numéro du titre autorisant le travail (copie du titre à intégrer dans le dossier salarié)

....

....

Pour les stagiaires :

Nom du tuteur : ....

Lieu de présence : ....

Date d'entrée dans l'entreprise : ☐☐ / ☐☐ / ☐☐☐☐

Date de sortie de l'entreprise : ☐☐ / ☐☐ / ☐☐☐☐

Notes: ....

....

....

N° d'embauche:

Nom: ....

Prénom(s): ....

Sexe : ☐ Femme   ☐ Homme   Date de naissance : ☐☐ / ☐☐ / ☐☐☐☐

Nationalité: ....

Emploi: ....

Qualification: ....

Type de contrat :		
☐ Contrat à Durée Indéterminée ;	☐ Apprenti ;
☐ Contrat à Durée Déterminée ;	☐ Contrat de professionnalisation ;
☐ Temps complet ;	☐ Travailleur détaché ;
☐ Temps partiel ;	☐ Stagiaire ;
☐ Travail temporaire ;	☐ Autre :

Travailleur étranger :

Type, date et numéro du titre autorisant le travail (copie du titre à intégrer dans le dossier salarié)

....

....

....

Pour les stagiaires :

Nom du tuteur : ....

Lieu de présence : ....

Date d'entrée dans l'entreprise : ☐☐ / ☐☐ / ☐☐☐☐

Date de sortie de l'entreprise : ☐☐ / ☐☐ / ☐☐☐☐

Notes: ....

....

....

N° d'embauche:

Nom: ....

Prénom(s): ....

Sexe : ☐ Femme   ☐ Homme   Date de naissance : ☐☐ / ☐☐ / ☐☐☐☐

Nationalité: ....

Emploi: ....

Qualification: ....

Type de contrat :

☐ Contrat à Durée Indéterminée ;   ☐ Apprenti ;

☐ Contrat à Durée Déterminée ;   ☐ Contrat de professionnalisation ;

☐ Temps complet ;   ☐ Travailleur détaché ;

☐ Temps partiel ;   ☐ Stagiaire ;

☐ Travail temporaire ;   ☐ Autre .

Travailleur étranger :

Type, date et numéro du titre autorisant le travail (copie du titre à intégrer dans le dossier salarié)

....

....

....

Pour les stagiaires :

Nom du tuteur : ....

Lieu de présence : ....

Date d'entrée dans l'entreprise : ☐☐ / ☐☐ / ☐☐☐☐

Date de sortie de l'entreprise : ☐☐ / ☐☐ / ☐☐☐☐

Notes: ....
....
....

N° d'embauche:

Nom: ....

Prénom(s): ....

Sexe : ☐ Femme   ☐ Homme   Date de naissance : ☐☐ / ☐☐ / ☐☐☐☐

Nationalité: ....

Emploi: ....

Qualification: ....

Type de contrat :	
☐ Contrat à Durée Indéterminée ;	☐ Apprenti ;
☐ Contrat à Durée Déterminée ;	☐ Contrat de professionnalisation ;
☐ Temps complet ;	☐ Travailleur détaché ;
☐ Temps partiel ;	☐ Stagiaire ;
☐ Travail temporaire ;	☐ Autre :

Travailleur étranger :

Type, date et numéro du titre autorisant le travail (copie du titre à intégrer dans le dossier salarié)

....

....

....

Pour les stagiaires :

Nom du tuteur : ....

Lieu de présence : ....

Date d'entrée dans l'entreprise : ☐☐ / ☐☐ / ☐☐☐☐

Date de sortie de l'entreprise : ☐☐ / ☐☐ / ☐☐☐☐

Notes: ....

....

....

N° d'embauche:

Nom: ....

Prénom(s): ....

Sexe : ☐ Femme   ☐ Homme   Date de naissance : ☐☐ / ☐☐ / ☐☐☐☐

Nationalité: ....

Emploi: ....

Qualification: ....

Type de contrat :	
☐ Contrat à Durée Indéterminée ;	☐ Apprenti ;
☐ Contrat à Durée Déterminée ;	☐ Contrat de professionnalisation ;
☐ Temps complet ;	☐ Travailleur détaché ;
☐ Temps partiel ;	☐ Stagiaire ;
☐ Travail temporaire ;	☐ Autre.

Travailleur étranger :

Type, date et numéro du titre autorisant le travail (copie du titre à intégrer dans le dossier salarié)

....

....

Pour les stagiaires :

Nom du tuteur : ....

Lieu de présence : ....

Date d'entrée dans l'entreprise : ☐☐ / ☐☐ / ☐☐☐☐

Date de sortie de l'entreprise : ☐☐ / ☐☐ / ☐☐☐☐

Notes: ....

....

....

N° d'embauche:

Nom: ....

Prénom(s): ....

Sexe : ☐ Femme   ☐ Homme   Date de naissance : ☐☐ / ☐☐ / ☐☐☐☐

Nationalité: ....

Emploi: ....

Qualification: ....

Type de contrat :
- ☐ Contrat à Durée Indéterminée ;
- ☐ Contrat à Durée Déterminée ;
- ☐ Temps complet ;
- ☐ Temps partiel ;
- ☐ Travail temporaire ;
- ☐ Apprenti ;
- ☐ Contrat de professionnalisation ;
- ☐ Travailleur détaché ;
- ☐ Stagiaire ;
- ☐ Autre :

Travailleur étranger :

Type, date et numéro du titre autorisant le travail (copie du titre à intégrer dans le dossier salarié):

....

....

....

Pour les stagiaires :

Nom du tuteur : ....

Lieu de présence : ....

Date d'entrée dans l'entreprise : ☐☐ / ☐☐ / ☐☐☐☐

Date de sortie de l'entreprise : ☐☐ / ☐☐ / ☐☐☐☐

Notes: ....

....

....

N° d'embauche:

Nom: ....

Prénom(s): ....

Sexe : ☐ Femme ☐ Homme   Date de naissance : ☐☐ / ☐☐ / ☐☐☐☐

Nationalité: ....

Emploi: ....

Qualification: ....

Type de contrat :	
☐ Contrat à Durée Indéterminée ;	☐ Apprenti ;
☐ Contrat à Durée Déterminée ;	☐ Contrat de professionnalisation ;
☐ Temps complet ;	☐ Travailleur détaché ;
☐ Temps partiel ;	☐ Stagiaire ;
☐ Travail temporaire ;	☐ Autre ;

Travailleur étranger :

Type, date et numéro du titre autorisant le travail (copie du titre à intégrer dans le dossier salarié)

....

....

....

Pour les stagiaires :

Nom du tuteur : ....

Lieu de présence : ....

Date d'entrée dans l'entreprise : ☐☐ / ☐☐ / ☐☐☐☐

Date de sortie de l'entreprise : ☐☐ / ☐☐ / ☐☐☐☐

Notes: ....

....

....